Jésus-Christ

NIHIL OBSTAT:
Paris, le 22 juin 1991
M. Dupuy

IMPRIMATUR:
Paris, le 24 juin 1991
M. Vidal, V.E.

Imprimé en France *Printed in France*

ISBN 2-7082-2908-7
ISSN 1159-1633

Yvette CHABERT
Roger PHILIBERT

JÉSUS-CHRIST

(4e édition)

LES EDITIONS DE L'ATELIER

Les Editions Ouvrières
12 avenue Sœur Rosalie
75013 Paris

A tous ceux qui ont accroché
leur rage de vivre et d'espérer
à une « étoile »,
qui nous ont donné goût de vie
et désir de Jésus-Christ...

Amis lecteurs,

Jésus vous intéresse ou il vous pose question ? L'espérance des chrétiens vous interroge peut-être. Ce livre est pour vous. Mais avant de l'ouvrir, il faut savoir qu'y trouver.

Ne cherchez pas ici un travail d'historien sur Jésus. Dans ce livre certes, vous découvrirez cet homme, beaucoup de ses actes et de ses paroles. Pourtant, au terme de votre lecture, vous risquez d'être insatisfaits. En effet depuis 20 siècles, personne n'est parvenu à l'enfermer dans une histoire. Jésus est bien plus qu'un homme du passé...

Ne rêvez pas non plus que vous soit enfin « servi », une fois pour toutes, le sens de l'Évangile. Vous découvrirez certes des textes forts et beaux. Mais personne n'a pu mettre la main de façon définitive sur les évangiles. Sinon, une fois leur rédaction achevée, on aurait cru avoir tout dit sur le contenu du message de Jésus. Or depuis, on ne cesse de chercher à le comprendre et c'est cela qui donne faim...

N'espérez pas non plus faire de Jésus un modèle à copier. En quête de sens pour votre vie, vous découvrirez un personnage fascinant qui ouvre large les pensées et les coeurs. Mais aux hommes il laisse leurs questions ; mieux, il les y renvoie. Et c'est cela qui fait marcher...

Alors, pour quoi ce livre ? Pour tout à la fois, savoir quelque chose de cet homme, tenter de comprendre son message et chercher une « étoile » pour notre vie.

Mais comment faire, alors que les disciples n'ont jamais bien compris Jésus de son vivant ? Ils l'avaient pourtant fréquenté et écouté ! N'étaient-ils pas les mieux placés pour le cerner et le définir ?

Comment comprendre cette affirmation des chrétiens : « Jésus est Fils de Dieu » ? Qu'est-ce à dire ? Fils de Dupont ou de Durand, on connaît ! Mais Fils de Dieu, de quelqu'un qu'on ne peut définir ? Cette expression nous affronte à l'impossible à dire. En même temps, elle nous ouvre à une richesse que nous n'aurons jamais fini d'inventorier.

Les mystiques se taisent... Les poètes chantent... Pourtant, il nous faut bien parler, le coeur aux aguets et toujours en quête du mot juste. Pour raconter comment Dieu entre en relation avec les hommes, nous avons besoin d'images et de récits. Mais aucun de ces récits et aucune formule ne pourra « enfermer » Jésus. Il est plus grand que son nom, comme d'ailleurs chacun de nous est autre chose que son image. Il laisse place à l'interrogation. C'est pourquoi nous avons largement fait place aux questions, à celles que les hommes de son temps se posaient, comme à celles qu'aujourd'hui nous nous posons. Nous avons aussi risqué des affirmations..

Les mots, les récits, tout ce livre, sont faits pour « travailler » les évangiles avec sérieux et, par là, mettre en appétit, indiquer une direction, ouvrir des possibilités, proposer des chemins ! En effet, comprendre ce n'est pas « savoir » à tout prix. C'est d'abord écouter. C'est ce qu'ont fait les disciples qui, sans bien comprendre, ont gardé la Parole de Jésus, parce qu'elle les touchait.

Quant à nous, nous avons écrit en essayant d'écouter à nouveau une Parole. Au fur et à mesure que nous écrivions, nous l'avons reçue comme un cadeau : le cadeau de la foi que les autres nous ont transmise ; le cadeau de l'histoire que Jésus-Christ a tissée en nous ; le cadeau enfin d'entendre une Parole toujours neuve, à chaque page rédigée. Elle nous a fascinés, réveillés, émerveillés, embarqués, donné goût de Vie pour nous et pour les autres.

Nous n'avons pas voulu transmettre un message tout fait, mais inviter le lecteur à « lire en écoutant » ce Jésus dit Christ. Lire ainsi risque bien de faire résonner quelque chose en nous. Si ce livre ne donne pas toutes les réponses et ne conclut pas, mais s'il met en mouvement et en quête de sens, s'il ouvre une aventure possible et s'il donne envie au lecteur d'écrire lui-même dans sa vie une suite qui le concerne, alors nous aurons réussi.

Chapitre 1

UN MORT QU'ON DIT VIVANT !

Aujourd'hui et tout au long de l'histoire, des millions de gens parlent de quelqu'un qui s'appelait Jésus et qu'ils appellent Jésus-Christ...

Vers l'an 30, ce Juif de Palestine est condamné dans un simulacre de procès et exécuté, comme les « droits communs », sur une croix. Pendant deux ans, il avait vécu l'existence d'un prédicateur itinérant ; il avait guéri beaucoup de malades ; il avait parlé de Dieu comme de « son Père et notre Père »...

A sa mort, des gens ont proclamé qu'il était vivant, mieux, qu'il était source de vie pour tous ceux qui croiraient en lui. Cela dure depuis 2000 ans. N'est-ce pas un peu fou ? Peut-on réellement vivre aux crochets d'un mort qu'on dit vivant ?... Comment comprendre ? Dans l'histoire, les hommes n'ont cessé de s'interroger. Et nous ?...

UNE MORT BANALE...

Jésus est mort condamné par les autorités religieuses et politiques de son temps. Sa condamnation n'a pas remué les foules ; il y avait peu de témoins.

Il est mort comme bien des hommes victimes de leurs idées et de la cause qu'ils défendaient. Comme dit la chanson : « Le prophète a dit la vérité, il doit être exécuté »... Alors, un de plus ? Ce n'est ni plus ni moins qu'un fait divers, admirable peut-être, mais un fait divers...

Cette exécution a mis un terme à son activité de prédicateur. Il se disait porteur d'une Bonne Nouvelle, il se disait porteur de la Parole de Dieu elle-même, il « passait en faisant le bien », guérissant les malades et réintégrant les exclus... Mais il dérangeait trop de monde : il dérangeait les religieux en bouleversant l'idée qu'ils se faisaient de Dieu ; il dérangeait les politiques en remettant en cause la Loi et l'ordre social...

Oui mais... il est mort... Et tout ce qu'il a dit, tout ce qu'il a fait n'est plus crédible...

Il est mort dans l'échec apparent le plus radical. Il est mort en disant à Dieu : « *Mon Dieu, pourquoi m'as-tu abandonné ?* »[1]. Pourtant, il a dit aussi : « *Père, je remets mon âme entre tes mains* »[2] et à l'adresse de ses bourreaux : « *Père, pardonne-leur, ils ne savent pas ce qu'ils font* »[3]. Un païen, le centurion romain qui commandait l'exécution, a été bouleversé ; il a eu cette phrase étonnante : « *Vraiment cet homme était le Fils de Dieu* »[4].

◀

Il a échoué. Pire encore, les gens qui ont assisté à sa mise en croix ont compris que si Dieu l'avait laissé mourir, c'était bien le signe qu'il était un faux prophète, un menteur... On le lui a dit vertement : « *Si tu es le Fils de Dieu, descends de la croix et nous croirons en toi* ». Ce Père dont il parlait avec chaleur, où était-il donc ? S'il

1. Mt 27, 46.
2. Lc 23, 46. Lc désigne l'évangile de St Luc. Le premier chiffre est celui du chapitre. Le second celui du ou des versets. Il en sera de même pour Mt (évangile de St Matthieu), Mc (évangile de St Marc), Jn (évangile de St Jean), Ac (livre des « Actes des Apôtres »). Voir précisions au chapitre 2.
3. Lc 23, 34.
4. Mc 15, 39.

était Dieu et s'il aimait « son fils », il aurait dû faire quelque chose !

Pourtant, aujourd'hui encore, ce même Jésus est au coeur de débats passionnés. Les uns disent qu'ils croient en lui parce qu'il est vivant et qu'il les fait vivre ; d'autres proclament que c'est une imposture, une invention des chrétiens ; d'autres rejettent la question en disant : c'est une affaire du passé, ça ne m'intéresse pas ; d'autres encore font de Jésus un grand homme, mais indépendamment de toute idée de Dieu ; d'autres enfin affirment en sens contraire : il y a un Dieu au dessus de nous, mais on n'a besoin ni de Jésus ni de l'Eglise ni des chrétiens...

Cependant, il y a un milliard six cent millions de chrétiens (catholiques, protestants, orthodoxes) qui croient au Dieu de Jésus-Christ...

Les chrétiens dans le monde

En 1987, il y avait	1 665 000 000 chrétiens dans le
monde, dont	877 723 000 catholiques.
Parmi eux,	902 747 religieuses et
	402 243 prêtres ont

consacré la totalité de leur vie au service de la foi.
(*La Documentation Catholique* n° 1997).

ON EN PARLE ENCORE ... !

Quand quelqu'un meurt, on garde quelque temps son souvenir. Mais à la longue, il finit par être oublié, au fur et à mesure que disparaissent ceux qui l'ont connu ; à moins que ce ne soit un roi, un chef de guerre, un bâtisseur ; à moins que ce ne soit un écrivain qui ait laissé une grande œuvre... Or ce Jésus était un fils de charpentier d'une bourgade reculée, dans un petit pays occupé : un homme ordinaire, entouré de gens ordinaires... Pourtant, on reparle sans cesse de lui dans l'histoire...

Pendant plusieurs siècles, ceux qui croyaient en lui ont été pourchassés, persécutés ; l'empereur romain Néron les faisait enduire de poix et brûler vifs pour éclairer les fêtes de Rome.

Plus tard, l'empire est devenu chrétien. Pendant des siècles, on s'est référé à Jésus comme à un guide sûr, pour les hommes et pour la société. Au 18ème siècle encore, on disait : « sans le christianisme, il n'y a pas de société qui puisse tenir ». Certains se sont servis de lui pour conforter l'ordre établi (voir texte en encadré).

Une religion pour l'ordre social...

« Ma politique est de gouverner les hommes comme le grand nombre veut l'être... C'est en me faisant catholique que j'ai fini la guerre de Vendée ; c'est en me faisant musulman que je me suis établi en Egypte, en me faisant ultramontain que j'ai gagné les esprits en Italie. Si je gouvernais un peuple de juifs, je rétablirais le temple de Salomon... »

« Je ne vois pas dans la religion le mystère de l'incarnation mais le mystère de l'ordre social : elle rattache au ciel une idée d'égalité qui empêche que le riche soit massacré par le pauvre... Comment avoir de l'ordre dans un Etat sans religion ? La société ne peut exister sans l'inégalité des fortunes, et l'inégalité des fortunes ne peut subsister sans la religion. Quand un homme meurt de faim à côté d'un autre qui regorge, il lui est impossible d'accéder à cette différence s'il n'y a pas là une autorité qui lui dise : *«Dieu le veut ainsi, il faut qu'il y ait des pauvres et des riches dans le monde ; mais ensuite et pendant l'éternité, le partage se fera autrement».*

Bonaparte en 1800-1801. (Cité dans J. Comby, *Pour lire l'histoire de l'Eglise*, Cerf, Paris, 1984. T. 2, p. 99).

Par ailleurs, parmi ceux qui ont voulu changer radicalement la société, certains se sont aussi référés à lui comme à une lumière capable d'éclairer leur route. Pour les révolutionnaires de 1789, Jésus est le premier des sans-culottes (voir texte en encadré). Pour Saint Simon (début du 19ème siècle), il est un modèle pour la société. Pour V. Hugo, il est une référence extraordinaire. Or la plupart de ces hommes ne font pas référence à Jésus comme « Christ », « fils de Dieu ». Aujourd'hui encore, des marxistes athées comme E. Bloch[5] ou M. Machovec[6] ont écrit des livres pour dire à quel point il leur semblait utile de se référer à Jésus pour notre vie sociale...

Un Christ révolutionnaire...

Jésus était un vrai sans-culotte, un franc républicain. Il développa tous les principes de l'égalité morale et du patriotisme le plus pur ; il affronta tous les dangers ; il s'éleva contre les grands qui, de tous temps, ont abusé de leurs pouvoirs ; il peignit la dureté des riches ; il attaqua l'orgueil des rois et des prêtres...

Le Fils de Dieu s'était élevé contre les aristocrates de la Nation. Méditez cette importante vérité, mes frères. Il ne cessait de vouer à l'indignation publique les tyrans du peuple, les exacteurs injustes de subsides, les despotes de la pensée, tous les oppresseurs. Les aristocrates indignés trompèrent la multitude qui rampait devant leur orgueil : ils insufflèrent dans l'âme vile de leurs esclaves la rage qui les animait contre le libérateur des hommes ; enfin, ô mes frères, je mourrai content après avoir dit cette seule parole, c'est l'Aristocratie qui a crucifié le Fils de Dieu ».

Un révolutionnaire en 1790-1791. (Cité dans J. Comby, *id.* p. 94).

Les hommes l'ont souvent utilisé pour leur cause ou leur idéologie... Ainsi, au nom de la foi et pour défendre la « civilisation chrétienne », on a prétendu justifier la guerre d'Algérie, l'apartheid, ou encore des idéologies du type « travail, famille, patrie »...

Certes, Jésus n'appartient pas qu'aux chrétiens. Il est un personnage de notre histoire. Beaucoup d'historiens disent même qu'on ne peut comprendre notre histoire moderne si on ne le connait pas.

Mais, pour les chrétiens, Jésus est bien plus qu'une idée, il est un compagnon de route en qui ils croient.

5. E. Bloch, L'athéisme dans le christianisme, Gallimard, Bibliothèque de philosophie, Paris, 1968.
6. M. Machovec, Jésus pour les athées, Desclée, collection Jésus et Jésus-Christ N°5, Paris 1978.

ON CROIT EN LUI ...

UN MORT QUI EST VIVANT...

Aujourd'hui, les chrétiens disent :

« Il est vivant, ressuscité, il est la source de la Vie.

Si ce qu'il a fait l'a conduit à la mort, c'est par amour.

S'il est venu, c'est envoyé par ce Dieu qu'il appelait son Père ».

Ces hommes et ces femmes, au fond, reprennent à leur compte ce que disaient une poignée de « fous » en l'an 30 :

> *« Jésus de Nazareth, cet homme dont Dieu avait fait connaître la mission en accomplissant par lui des miracles, des prodiges et des signes au milieu de vous, comme vous le savez bien, cet homme..., vous l'avez fait mourir en le faisant clouer à la croix par la main des païens. Or, Dieu l'a ressuscité en mettant fin aux douleurs de la mort... Nous tous en sommes témoins. Elevé dans la gloire par la puissance de Dieu, il a reçu de son Père l'Esprit Saint qui était promis et il l'a répandu sur nous : c'est cela que vous voyez et que vous entendez » (Actes des Apôtres)*[7].

De fait, cela se voyait et s'entendait : ces Galiléens, des gens « *quelconques et sans instruction* », d'abord apeurés et désespérés après la mort de leur maître, se sont mis à l'annoncer en actes et en paroles avec une « *assurance* » qui stupéfiait tout le monde... Ils disaient qu'ils étaient désormais des « *hommes nouveaux* ». De même, Paul, un Juif de Tarse, affirmait : « *Pour moi, vivre c'est le Christ* ». Ils étaient transformés au point que lors des persécutions, ils se disaient même « *heureux de souffrir pour le Nom du Christ Jésus* »[8].

UN VIVANT QUI CHANGE TOUT DANS NOS VIES...

Aujourd'hui encore, la foi en Jésus engage des hommes et des femmes et les rend capables de la même

7. Ac 2, 22-33, traduction du missel.
8. Ac 5, 41.

folie de l'amour. Un certain nombre le paient de leur vie ; citons seulement Martin Luther King ou Oscar Romero ; on pourrait faire une longue liste de gens connus et d'anonymes...

Beaucoup, sans aller jusque là, trouvent en Jésus une source de dynamisme extraordinaire. N'en connaissons-nous pas autour de nous ?

Oui mais, bien d'autres personnes vivent dans l'amour avec un dynamisme extraordinaire sans se référer à Jésus...

Bien sûr et heureusement, les chrétiens n'ont pas le monopole de l'amour. Sans se référer à Jésus, bien des hommes montrent des capacités étonnantes de don d'eux-mêmes. Pourtant, ceux qui engagent leur vie à la suite du Christ disent y puiser leur force d'amour et de service de la société : nous en avons de multiples traces dans l'histoire (voir encadré).

Des croyants s'expriment :

Dieu nous tend la main...

« Un jour, quand j'étais petite, on m'a dit que Dieu était un Père qui m'aimait. Je l'ai cru et j'ai essayé de lui être fidèle. Il me proposait l'amour, la vie. Cet amour, on le vit les uns par les autres, les uns pour les autres. Cet amour-là vient de Dieu : Dieu est toute-puissance d'amour. Aujourd'hui, je suis heureuse de savoir que Dieu nous a créés libres, qu'il nous tend la main, que nous pouvons lui dire oui ou non. Même si nous lui disons non, nous pouvons toujours revenir sur notre décision puisqu'il nous aime, ne nous juge pas, nous accepte tel qu'on est, nous donne envie de le découvrir et de le faire découvrir... » **Marie.**

Un désir, un « plongeon »...

« Je ne sais pas grand chose de Dieu. Mais je me sens embarquée dans une histoire d'amour qui me concerne, qui te concerne, qui nous concerne tous. Je me sens tellement embarquée que je me risque à croire et que je "plonge" avec tout ce que je suis, mon corps, mon coeur, mon intelligence, dans cet amour offert par quelqu'un que nous appelons Dieu. Je "plonge", je me laisse aspirer par cet amour, mais très souvent je résiste... Je désire croire en Dieu. Je suis toute en attente de le recevoir dans ma vie...» **Christine.**

.../...

Il fait vivre...

« Tous ces engagements que je prends, c'est pour quoi ? A quoi ça sert ? Qu'est-ce que ça m'apporte ? Je constate que ma foi me fait vivre. Elle est ce souffle qui me dit : *"Continue, avance, n'aie pas peur ; tes engagements et tout ce que tu vis, c'est important"* ». **Jean.**

Une espérance...

« J'ai découvert ce Père aimant, cheminant avec les hommes... Ce Père toujours prêt à m'aimer même s'il n'apprécie pas toujours les choix que je fais. En découvrant l'Amour, moi aussi j'aime et je dois le "montrer"... Cheminer avec Dieu éclaire ma route... J'ai l'espérance chevillée au corps, espérance nourrie qui me pousse à aller de l'avant, à ne pas désespérer quand tout pousse à désespérer, parce que j'ai une certaine conscience d'avoir la Vie et que la Vie est plus forte que la mort... » **François.**

Jamais acquis définitivement...

« Croire, c'est jamais acquis, c'est comme un grand désir qui rend heureux. Ma vie, cela lui a donné du souffle. Mais des fois, je ne sais plus, alors, je m'accroche à la foi de mes frères ». **Pascale.**

UNE QUESTION RADICALE...

Une question radicale est alors posée à chacun de nous. Si ce qu'on dit est vrai, si « Dieu a ressuscité Jésus et l'a constitué Christ et Seigneur » (comme l'ont dit ses premiers disciples), alors la question qu'il me pose est tout autre. Il ne me dit pas seulement : vis gentiment, aime les autres, inspire toi des modèles que je t'ai fournis.

Il me donne la force même de Dieu. Il me fait cadeau de son amour. Il me propose de me relier à lui comme un fils à son Père.

Un récit des évangiles nous le fait comprendre ; Jésus demande à boire à une femme, puis il lui dit : « *Si tu savais le don de Dieu, c'est toi qui lui aurais demandé de l'eau et il t'aurait donné de l'eau vive* »[9].

9. Jn 4, 10.

Une question est ainsi posée à chacun : il m'est proposé une « eau vive », une « eau de vie », une « eau pour la vie », « *afin que tout homme qui croit, ait la vie éternelle* »[10]. Que vais-je répondre devant cette question ? Faut-il accepter cette proposition ? J'ai déjà la vie comme tout un chacun. Et voilà que les chrétiens me parlent de quelqu'un qui me dit : « Si tu veux, je te propose une vie éternelle » ; pas une vie pour plus tard mais une vie nouvelle aujourd'hui, qui durera pour l'éternité. Comme pour une proposition d'amour, il ne s'agit pas de savoir si je peux vivre sans cela ; il est évident que oui. Il est question de choisir : puis-je passer à côté de ce don, de ce cadeau, de cette richesse ?

COMMENT PEUT-ON Y CROIRE ?

UNE ADHÉSION...

Comment peut-on dire « oui » à une telle proposition ? Quelle garantie avons-nous ? Nous aimerions pouvoir prouver scientifiquement la qualité de cette « eau de vie »... Or, ce n'est pas nous qui faisons la preuve de Jésus-Christ ; c'est lui qui fait ses preuves dans la vie des hommes. Peut-il faire ses preuves dans nos vies ?

Nous sommes dans la même situation que ces femmes qui allaient embaumer Jésus. Devant le tombeau trouvé vide, qu'ont-elles pu dire ? Rien, par elles-mêmes...

Elles ont entendu et écouté une Parole qui les appelait, une révélation qui leur était proposée comme un don. Cette Parole les invitait : « *Pourquoi cherchez-vous parmi les morts celui qui est vivant? Il n'est pas ici... Vous le trouverez en Galilée...* ». Qui les appelait ainsi ? Une voix, une Parole venue d'ailleurs (voir encadré)...

10. Jn 3, 16.

Les femmes au tombeau... (Evangile de Marc 16, 1-7).

« Quand le Sabbat fut passé, Marie de Magdala, Marie mère de Jacques, et Salomé achetèrent des aromates pour aller l'embaumer. Et de grand matin, le premier jour de la semaine, elles vont à la tombe, le soleil étant levé. Elles se disaient entre elles : "Qui nous roulera la pierre de l'entrée du tombeau?" Et, levant les yeux, elles voient que la pierre est roulée ; or, elle était très grande. Entrées dans le tombeau, elles virent, assis à droite, un jeune homme, vêtu d'une robe blanche, et elles furent saisies de frayeur. Mais il leur dit : "Ne vous effrayez pas. Vous cherchez Jésus de Nazareth, le crucifié : il est ressuscité, il n'est pas ici ; voyez l'endroit où on l'avait déposé. Mais allez dire à ses disciples et à Pierre : 'Il vous précède en Galilée ; c'est là que vous le verrez comme il vous l'a dit'." Elles sortirent et s'enfuirent loin du tombeau, car elles étaient toutes tremblantes et bouleversées ; et elles ne dirent rien à personne, car elles avaient peur. »

Pour mieux relire ce texte :

(Cela sera revu plus en détail au chapitre 6).

Le tombeau trouvé vide ne prouve rien, il est une question posée. Une question attend une réponse.

Pour Marie Madeleine, « *on a volé son corps* »[11].

Pour les chefs juifs, ce sont les disciples qui l'ont volé[12].

Pour les amis comme pour les ennemis de Jésus, ce tombeau vide a donc été une question. Pour nous aussi aujourd'hui.

Finalement, les évangélistes veulent nous dire cela : vous n'aurez pas de preuves de la résurrection ; la réponse ne peut être donnée que par Dieu. Pour les disciples, cela passera par les apparitions de Jésus (dont nous reparlerons plus loin). Le texte écrit quarante ans après cette expérience extraordinaire met en scène un « ange » : c'est à l'époque une représentation de la voix de Dieu ; c'est aussi une expression de la communauté qui a vécu cette expérience : « C'est Dieu qui nous dit que Jésus est ressuscité ; c'est Dieu qui a roulé la pierre ; c'est Dieu qui a tiré Jésus de la mort. Il n'est plus là : le tombeau est vide. Risquez-vous à aller le rencontrer en Galilée ».

11. Jn 20, 2.
12. Mt 28, 13.

Aujourd'hui encore pour les chrétiens, croire, c'est accepter d'entendre une Parole, un appel. C'est miser sur la Parole d'un Autre. C'est risquer une réponse à Celui qui appelle. C'est se décider. Comme en amour... Mais n'est-ce pas aussi chercher à comprendre ?

UNE ADHÉSION RAISONNABLE...

Notre décision ne peut être arbitraire. Même en amour, les choix que nous faisons doivent être raisonnables !

Quand nous entrons en relation d'amour, nous ne prouvons rien. Par contre, nous cherchons à vérifier. Est-ce possible ? Est-ce crédible ? Qu'est-ce que cela va changer ? Y a-t-il des points d'appui, des signes qui nous font dire que cela peut tenir ?

Nous avons le devoir de réfléchir car adhérer à Jésus-Christ doit être raisonnable. Nous craignons souvent que la foi soit la matérialisation de notre désir humain : les hommes sont tellement enclins à s'inventer des dieux ... Mais alors pourquoi auraient-ils inventé un Jésus crucifié ? Comment se fait-il que depuis 2000 ans des hommes y adhèrent, alors que leur raison les pousse plutôt à s'inventer un Dieu au-dessus du monde, inaccessible à la souffrance et à la mort ?

Ceux qui misent sur Jésus disent que leur foi leur paraît raisonnable : elle est pour eux un choix de leur coeur en même temps qu'un assentiment de leur tête.

C'est bien sur ces deux plans qu'à nous-mêmes et aux autres, nous devons rendre compte de notre foi.

Quelle vie nouvelle nous ouvre-t-elle ?

Quels points d'appui, quels repères, quelle réflexion sérieuse nous permettent de dire quelque chose du Jésus d'hier vivant aujourd'hui ?

Au fil des pages de ce livre, c'est sur ce chemin que nous nous proposons d'avancer, en nous posant d'abord une question : que peut-on connaître de Jésus ? (chap 2). Puis nous regarderons de plus près sa vie (chap 3 et 4), sa mort (chap 5), sa Résurrection (chap 6), sa reconnaissance comme libérateur et donateur de Vie (chap 7). A chaque fois, nous raconterons son histoire, mais nous serons amenés à nous interroger et à nous positionner par rapport à lui : est-il bien celui qui peut nous faire vivre ?...

Chapitre 2

PEUT-ON CONNAÎTRE JÉSUS-CHRIST ?

Ce dénommé Jésus, dit Jésus-Christ, vivait il y a deux mille ans. Deux mille ans, c'est bien loin ! Quel chrétien n'a pas rêvé d'avoir de cet homme quelques écrits, quelques « photos », des « enregistrements », bref quelque chose d'un peu palpable, de « vérifiable » ?

Or, le jour de sa mort, rien ne reste de lui, même pas son corps. Aucun écrit de sa main. C'est frustrant pour nous.

Seuls restent une poignée de gens, ses disciples, que nous ne pouvons plus interviewer aujourd'hui. Avec une force étonnante, ils se mettent à témoigner, jusqu'à accepter le martyre. C'est seulement depuis sa mort, disent-ils, qu'ils découvrent peu à peu son « mystère », et cela les fait renaître littéralement. Ils le proclament avec tellement d'enthousiasme qu'ils font très vite des disciples et cela dans tout le bassin méditerranéen.

Ce sont ces témoins oculaires puis leurs disciples qui, avec leur propre langage, leurs préoccupations, et toute leur expérience de foi, vont peu à peu écrire des textes concernant Jésus. Ceux-ci nous sont parvenus jusqu'à aujourd'hui, divers, traduits du grec, mais jamais remaniés depuis. Nous permettent-ils de connaître Jésus-Christ ? La question demeure.

UNE QUESTION PERMANENTE...

DES TEXTES LUS DE MANIERE DIFFÉRENTE.

Dans l'histoire, on les a longtemps lus « argent comptant ». Les premiers chercheurs ont très vite été confrontés à la difficulté de toute recherche historique. Par l'étude détaillée des différents documents, ils ont constaté des contradictions évidentes, dans les paroles de Jésus citées, dans les lieux et moments où il les aurait dites, dans la chronologie même des événements... Qu'en est-il de cet homme ? Faudrait-il faire son deuil d'en obtenir une histoire en bonne et due forme ?

Depuis le 19ème siècle, les recherches historiques ont beaucoup avancé. On a découvert qu'un document n'est jamais un matériel brut : on ne peut connaître Jésus qu'en essayant de connaître ceux qui ont parlé de lui. Cependant la question de l'accès à Jésus-Christ demeure, mais c'est peut-être une chance : la recherche continue et se dégage peu à peu des fausses pistes de l'« historicisme ».

De nos jours cependant, certains s'attachent encore aux mots des textes et en oublient le contexte dans lequel ils ont été écrits : la situation religieuse et culturelle du premier siècle. Ils en oublient les formes de langage de ce temps, bien différentes de celles de notre 20ème siècle. Jésus est alors perçu comme un homme du passé, à copier. Il n'est pas celui qui, aujourd'hui, nous entraîne à inventer des chemins de vie à sa suite, plutôt qu'à reproduire les mêmes. Il n'est pas cet homme qui invite à renaître au présent.

Enfin, d'autres rêvent encore d'aboutir à une véritable biographie de Jésus. Sa figure en est déformée et devient une figure morte. Qu'avons-nous à en faire ? Des millions de gens risqueraient-ils leur vie si Jésus n'était ce compagnon vital qui, un jour, a été proclamé vivant et capable de changer la vie jusqu'à la fin des temps ?

ET NOUS ?

Comment allons-nous à notre tour ouvrir le dossier Jésus ? Pas en étouffant nos questions, ni en sombrant dans le soupçon radical, mais en acceptant aussi que Jésus résiste aux prises de nos regards d'hommes. Pas en faisant de lui une belle figure, mais en acceptant d'en faire une question parfois insupportable, nous renvoyant à une autre question, tout aussi insupportable par moments : celle de la place de Dieu dans nos vies d'hommes et de femmes aujourd'hui.

Nous laisserons alors sa « photo » s'animer et sa « voix » nous parler par la voix de ses amis. Nous savons bien qu'à elles seules une photo et une voix inconnues ne disent pas grand-chose de leur propriétaire. Mais si un proche de celui-ci se met à les animer, tout change. Peu à peu, j'ai envie de connaître « de l'intérieur » cet homme. C'est seulement l'intérêt grandissant qu'il suscite en moi qui peut me permettre de le « voir », de l'« entendre », de le comprendre et de vibrer avec lui. Sinon, je lui reste extérieur, comme reste extérieur celui qui, indifférent, observe quelques affiches syndicales apposées sur les murs de nos villes. Pour lui, ce ne sont que feuilles dégradant notre environnement. Mais pour le militant qui passe, intéressé, c'est tout autre chose : l'affiche « parle » et se met à vivre.

On peut prouver l'existence d'un objet matériel et celle d'une personne. Des historiens païens, juifs et chrétiens ont vérifié celle de Jésus. Mais... une relation d'amour peut-elle se « prouver » ? Ne suppose-t-elle pas une certaine confiance, un engagement, un certain regard ? Par contre, une relation d'amour meurt si elle n'est pas nourrie de souvenirs, de lettres, de signes d'amour, de témoignages... C'est bien ce que l'Eglise nous a fait parvenir jusqu'à aujourd'hui. Aussi allons-nous ouvrir les textes. Nous allons essayer d'entrer en relation avec cet homme Jésus, malgré les vingt siècles qui nous séparent de lui.

Quels documents possédons-nous ? Comment ont-ils été écrits et sont-ils parvenus jusqu'à nous ?

QUELLES PIÈCES DANS LE « DOSSIER JÉSUS » ?

Jésus n'était pas un homme d'écriture. Sinon, les siècles qui ont suivi nous auraient transmis ses écrits, comme ils l'ont fait pour les gens de son temps, Jules César par exemple. Qu'il n'ait rien écrit n'est pas surprenant. Il était homme du peuple ; il ne faisait pas de l'écriture son métier. On connait donc Jésus par des sources qui ne sont pas de lui mais qui, dans leur diversité, convergent et sont complémentaires : de rares écrits païens ou juifs, et les écrits chrétiens.

DES HISTORIENS NON CHRÉTIENS EN PARLENT...

Les historiens païens ont parlé de Jésus et de ses disciples. C'est important pour nous. C'est donc que Jésus a existé. Cela ne peut être contesté.

Nous trouvons sa trace chez trois auteurs : Tacite entre 110 et 120, Suétone vers 120 et Pline le Jeune vers 110.

Dans ses Annales, Tacite, un écrivain romain, explique l'incendie de Rome par Néron. Ce dernier rend les chrétiens responsables du drame et explique que le nom de chrétien vient de ce Christ que Ponce Pilate avait livré au supplice (Voir encadré).

Suétone évoque non pas le Christ mais les chrétiens, en qualifiant leur mouvement de « superstition ».

Dans une lettre à l'empereur Trajan, Pline le Jeune quant à lui explique comment il a découvert des chrétiens et il décrit leur façon de vivre et de se réunir au nom d'un Christ.

Les textes juifs touchant à Jésus sont très peu nombreux. Flavius Josèphe (37-100) y fait allusion. Il raconte la mort de « Jacques, frère de Jésus, dit le Christ ». Dans un autre passage, controversé et sans doute remanié après coup, il mentionne Jésus vivant en Palestine, crucifié sous Ponce Pilate. Il le reconnaît comme un homme de bien, ayant suscité un groupe de disciples appelés chrétiens, très tôt persécutés à cause de leur foi.

Un historien païen parle des chrétiens :

« Pour anéantir la rumeur (qui attribuait l'incendie de Rome à l'empereur), Néron supposa des coupables et infligea des tourments raffinés à ceux que leurs abominations faisaient détester et que la foule appelait chrétiens. Ce nom leur vient de Christ que, sous le principat de Tibère, le procurateur Ponce Pilate avait livré au supplice. Réprimée sur le moment, cette détestable superstition perçait de nouveau, non seulement en Judée où le mal avait pris naissance, mais encore à Rome où ce qu'il y a de plus affreux et de plus honteux dans le monde afflue et trouve une nombreuse clientèle. On commença donc par se saisir de ceux qui confessaient leur foi, puis, sur leurs révélations, d'une multitude d'autres qui furent convaincus moins du crime d'incendie que de haine contre le genre humain. On ne se contenta pas de les faire périr, on se fit un jeu de les revêtir de peaux de bêtes pour qu'ils fussent déchirés par les dents des chiens, ou bien ils étaient attachés à des croix, enduits de matières inflammables et, quand le jour avait fui, ils éclairaient les ténèbres comme des torches. »

Tacite (55-120), Annales XV, 44.

LE NOUVEAU TESTAMENT EN PARLE...

Pour connaître Jésus, la source essentielle reste ce qu'en ont écrit les chrétiens : le Nouveau Testament. C'est normal. On l'a dit : ils étaient « intéressés » à « faire mémoire » de cet homme comme de quelqu'un qui pouvait changer la vie et dont le message ne devait pas être étriqué avec le temps.

Le Nouveau Testament est donc une sorte de prédication, le livre de la Nouvelle Alliance en Jésus-Christ. On l'appelle « Nouveau Testament » en référence à l' Ancien, le livre de l'ancienne Alliance constituée avec Moïse et renouvelée souvent par la suite (la Bible des Juifs)[1]. Le mot latin « testamentum » est traduit par « alliance ».

Le Nouveau Testament est constitué de livres différents : des récits sur Jésus ou sur les débuts de l'Eglise après son départ ; des lettres envoyées par quelques apôtres à des communautés éloignées (Voir encadré)...

Composition du Nouveau Testament

Quatre "évangiles"	Matthieu (Mt) Marc (Mc) Luc (Lc) Jean (Jn)	Ils racontent l'itinéraire de Jésus.
Les Actes des Apôtres (Ac)		Ils racontent les débuts de l'Eglise après le départ de Jésus.
Les lettres ou épîtres	de Paul[2] de Jacques (Jc) de Pierres (1 et 2 P) de Jean (1, 2, 3 Jn)	Ce sont des envois des apôtres à des communautés diverses dans le monde.
L'Apocalypse (Ap)		Ce texte essaie de dire l'espérance chrétienne devant la persécution.

.../...

1. Voir E. Charpentier, Pour lire l'Ancien Testament, Cerf, 1981.

2. Les lettres attribuées à Paul sont désignées par les lettres Rm (Romains), 1 et 2 Co (1ère et 2ème aux Corinthiens), Ga (Galates), Eph

Ces textes ont été écrits en grec, recopiés par des copistes, traduits ensuite dans toutes les langues, au fur et à mesure de l'annonce de l'Évangile.

Où trouver ces textes ?

Il existe de nombreuses traductions. Citons les deux plus importantes :

la T.O.B. (Traduction oecuménique de la Bible : elle a été traduite par des équipes comprenant des catholiques et des protestants).

la B.J. (Bible dite de Jérusalem : elle a été traduite par l'école biblique de Jérusalem)

Il existe des bibles en « français » courant.

Des outils pour lire le Nouveau Testament :

J.P. Bagot et J.C. Dubs, Pour lire la Bible, Ed. Les bergers et les mages, 1983.

E. Charpentier, Pour lire le Nouveau Testament, Ed du Cerf, 1981.

A la découverte de la Bible, T. 2. Ed. Ouvrières, 1980.

Cahier Evangile N°35.

Fiches : P.M. Beaude, E. Charpentier, H. Cousin, J.P. Lemonon, Introduction à l' Ancien Testament et Introduction au Nouveau Testament. Service biblique Evangile et Vie, 6 Av Vavin, 75006, Paris.

Xavier-Léon Dufour, Dictionnaire du Nouveau Testament, Seuil, Coll. Livre de vie, 1975.

QUE RETENIR ?

Tous ces livres ont donc été écrits après la mort de Jésus, entre 20 et 60 ans après, par des communautés diverses, ayant fait l'expérience forte d'un Jésus vivant en eux et en tout homme.

Alors, ces livres n'ont pas de valeur historique ?

Les historiens de tous temps se sont penchés sur ces textes pour vérifier l'historicité de Jésus et tenter de dresser de lui une sorte de fiche d'état civil, par recoupements successifs.

(Ephésiens), Ph (Philippiens), Col (Colossiens), 1 et 2 Th (1ère et 2ème aux Thessaloniciens), 1 et 2 Tim (1ère et 2ème à Timothée), Ti (Tite), Phm (Philémon), He (Hebreux).

Jésus était un homme, un Juif ordinaire, né dans un petit pays occupé par les Romains, habitant une bourgade de Galilée, Nazareth. On a même pu dater sa naissance : 5 à 7 ans avant notre ère, peu de temps avant la mort d'Hérode le Grand. Récemment, on a pu dater sa mort ; on suppose qu'elle a eu lieu le 7 avril 30 : Jésus aurait eu environ 35 ans. C'est Pilate, le préfet romain qui l'a fait crucifier comme on crucifiait les bandits. Entre-temps, il a été un enfant du peuple ; on le disait fils d'un charpentier dont on sait peu de choses, si ce n'est qu'il s'appelait Joseph. On connait un peu mieux Marie, sa mère, discrètement présente jusqu'au pied de la croix. Il aurait été un bon Juif pieux, élevé selon l'esprit des Pharisiens[3]. Après avoir été baptisé par un dénommé Jean Baptiste, il aurait commencé une vie de prédicateur itinérant, accompagné de quelques disciples qu'il appelait à sa suite. Il parlait du « Règne de Dieu ». On sait qu'il en est mort, condamné par les autorités religieuses et politiques qu'il dérangeait par trop. On sait aussi qu'après sa mort, ses disciples se sont multipliés « jusqu'aux extrémités de la terre » (à l'époque, c'était Rome). Beaucoup ont subi le martyre. Et nous aujourd'hui, nous sommes leurs héritiers.

Oui mais... Ouvrez les livres. Ils se contredisent et sont pleins d'incohérences.

◀

Nous avons quatre évangiles et deux seulement parlent de l'enfance de Jésus. Pour l'un, Jésus aurait été vu ressuscité à Jérusalem, pour un autre en Galilée. L'un fait état d'une multiplication des pains, un autre en raconte deux. Certains miracles semblent grossis, ailleurs ils ne sont pas cités. Les paroles de Jésus diffèrent d'un texte à l'autre. Il y a deux versions des Béatitudes et deux du Notre Père...

Prenons nos évangiles et comparons certains récits. Effectivement, ces divergences nous rendent perplexes. Mais en même temps, essayons de comprendre comment nous-mêmes nous relisons et écrivons notre propre histoire. Si je raconte mon mariage le lendemain même de mes noces, je valoriserai tel ou tel détail et j'utiliserai un certain ton. Vingt ans après, devant la même photo,

3. Les Pharisiens sont un groupe religieux dont nous parlerons au chapitre 3.

ne vais-je pas raconter l'événement différemment, selon trois données :

— selon les faits qui se sont effectivement passés ce jour-là et dont j'ai gardé le souvenir ;

— selon les « besoins » et les questions de mon interlocuteur du moment ;

— mais aussi selon ce que je suis devenu moi-même après des années de vie commune.

Cet exemple peut-il nous aider à comprendre que les évangiles ont été écrits avec ces trois données ? Ce qu'ils nous disent part de trois données :

— des faits qui se sont effectivement passés,

— des « besoins » et des questions des jeunes communautés chrétiennes,

— de ce que sont devenus peu à peu les disciples, grâce à Jésus.

Bien sûr, ils nous hérissent parfois par les contradictions qu'ils semblent montrer. Mais si nous arrivons à accepter que **l'évangile est un récit de témoins**, nous pourrons avec eux connaître un peu mieux Jésus-Christ.

EN CHEMIN VERS LES ÉVANGILES...

Le mot « évangile » n'est pas un mot de notre langage quotidien ni de la littérature courante. Pour nos contemporains, il fait de suite penser à un livre particulier, parlant de Jésus et proclamant son message.

Ce mot est pourtant bien connu au temps de Jésus. Il fait partie du langage populaire, utilisé pour annoncer tout grand événement concernant l'empereur : son arrivée dans la ville, une grande victoire militaire, l'anniversaire de sa naissance. Le mot « évangile » signifie « bonne nouvelle ». Certaines inscriptions retrouvées en Asie mineure (et datées de 9 avant Jésus-Christ) font bien état de l'utilisation de ce mot dans la vie profane.

Paul (un des premiers à avoir écrit des lettres au sujet de Jésus entre 51 et 60) utilise lui aussi le mot « **Evangile** » au sens de « **Bonne Nouvelle** ». Mais la Bonne Nouvelle pour lui, ce n'est pas celle qu'apporte l'empereur ; c'est celle d'un homme mort en croix, venu donner sa vie pour les hommes. Voilà un emploi osé du mot courant « évangile » !

La Bonne Nouvelle, c'est du « bon » et du « nouveau » pour les pauvres. C'est la venue de ce « Règne de Dieu » dont a tant parlé Jésus et dont nous parlerons au chapitre 4. La Bonne Nouvelle a quelque chose à voir avec la vie d'ici-bas et avec une vie où l'amour l'emportera pour l'éternité. L'empereur n'offre pas tout cela. Jésus le fait, si on veut bien l'accueillir, sur un chemin qui n'est pourtant pas exempt de difficultés. Surprenante Bonne Nouvelle qui a remué les foules et a traversé les siècles !...

Très vite, **l'évangile devient aussi un récit** de l'activité de Jésus, dans un genre littéraire bien particulier. C'est Marc, le plus ancien rédacteur, qui en aurait été l'inventeur.

Aujourd'hui, on parle des évangiles au pluriel. En effet, il y en a quatre. Pourquoi quatre ? Un seul texte ne serait-il pas plus crédible ? On peut s'étonner encore : pourquoi le premier récit ne date-t-il que des années 70 ? Que s'est-il passé dans ce « vide » des années 30-70 ?

Alors, partons en voyage dans le passé et rejoignons ce petit groupe ami de Jésus, parcourant avec lui puis, sans lui, les routes de Galilée et très vite, celles de Jérusalem, d'Antioche, d'Asie mineure, de Grèce, de Rome...

PREMIÈRE ÉTAPE : UN « ÉVANGILE » VÉCU, UNE EXPÉRIENCE DE VIE, ENTRE -4 ET +30.

Le chapitre 3 nous fera découvrir Jésus, à la fois fidèle à ses origines juives et en même temps étonnamment subversif. Dans le chapitre 4, nous détaillerons le contenu de la « Bonne Nouvelle », cet « Evangile » qu'il vit et annonce. Voyons plutôt ici quelle expérience exceptionnelle il fait vivre à ces disciples qu'il appelle. L'« Evangile », c'est d'abord ce qu'ils vivent ensemble au cours de leurs pérégrinations à travers le pays. Qu'en disent les textes ?

• Une vie itinérante.

Nous découvrons que Jésus n'est pas le seul à prêcher, accompagné d'un petit groupe. Ainsi, les évangiles nous parlent de Jean Baptiste et de ses disciples... Mais un Juif pieux d'ordinaire ne court pas les chemins à la rencontre de n'importe qui. Au contraire, il se doit de rester pur par une vie de communauté protégée. Jésus, lui, se distingue. Durant environ deux ans, à partir de l'année 27-28, pensent les historiens, il choisit de quitter son village et d'annoncer la « Bonne Nouvelle ». Sa vie, il l'a reçue pour la donner à tout vent. Sa famille tente de le ramener à la raison. Mais Jésus fait du peuple son milieu naturel de vie, quel que soit ce peuple, même lorsqu'il est étiqueté comme un peuple « maudit »[4]. **Le peuple, c'est le lieu de sa mission.** C'est là qu'il proclame en paroles et qu'il dit en actes un « Règne de Dieu » déjà là et à venir[5]. Ce peuple des pauvres, c'est pour lui qu'il est venu. Il se solidarise avec les méprisés et les rejetés.

• A travers le pays...

Il « plonge » dans la foule des Galiléens, ces gens soupçonnés d'avoir du sang païen dans les veines. Il rejoint celle des Judéens[6], à plusieurs reprises, pour des séjours longs parfois, semble-t-il : à Béthanie, tout près de Jérusalem[7], à Ephraïm[8] et plusieurs fois à Jérusalem. C'est dans cette région que ses ennemis demanderont à quiconque sait où il se cache de le dénoncer afin qu'il soit capturé[9]. Il se risque, mais rarement, en territoire païen, là où normalement un Juif ne se risque pas : le voilà au pays des Géraséniens[10], à l'est du lac de Tibériade, et encore dans la région de Tyr[11], au nord de la Galilée (Voir en encadré la carte de la Palestine).

4. Voir Jn 7,49.
5. Voir chapitre 4.
6. Les Judéens qui habitent la Judée, la région de Jérusalem, sont considérés comme les Juifs authentiques, par opposition aux habitants de Galilée et de Samarie qui sont des « sang-mêlés » et des « hérétiques ».
7. Voir Jn 12,1.
8. Voir Jn 11,54.
9. Voir Jn 11, 57.
10. Voir Mc 5, 1 ; Mt 8, 28.
11. Voir Mc 7, 24.

Quand il n'est pas retiré au désert pour y prier[12], il vibre aux joies et aux peines de ce peuple « *harassé et prostré* »[13]. Il « *en a pitié* » nous dit Marc. Dans le langage du temps, cela signifie qu'il l'aime comme un père aime son enfant.

Une lecture attentive des évangiles nous donne ainsi trace des lieux que Jésus traverse en long et en large, mais il n'est pas aisé d'en faire une chronologie bien cadrée, car les textes sont divergents. On sait par contre que « *la foule suit Jésus* » [14] et le « *presse de toutes parts* »[15]. Elle l'écoute avec ravissement[16] et s'étonne souvent[17] car ses actes signent ses paroles.

L'intimité qui lie cet homme et ces gens tout simples ne laisse pas présager la solitude dans laquelle il va se retrouver deux ans plus tard, cloué sur une croix comme un malhonnête, abandonné de tous, même de ses disciples.

• Avec un groupe de disciples...

Jésus ne vit pas en isolé. Les premiers destinataires de cette « Bonne Nouvelle », ce sont ses disciples d'origines diverses. Il en fait les associés de sa mission, non ses étudiants. Il n'est pas leur maître, même si dans les évangiles, ces hommes, lui reconnaissent une autorité nouvelle et l'appellent « rabbi » (maître). Il n'est pas de ces docteurs de la Loi, qui, entourés de disciples eux aussi, enseignent dans les synagogues. Ce qui lie Jésus et ses disciples, ce n'est pas l'apprentissage de la Loi juive, la « Torah »[18] ; c'est une vie partagée, au quotidien, une vie itinérante, on l'a vu, dont le centre est l'annonce du « Règne de Dieu ». Ce qui va marquer ces hommes pour toujours, ce n'est pas un livre ni des idées mais la personne de Jésus. Eux, ils ne sont pas ses serviteurs ;

12. Voir Mc 1, 35 , 45 ; 6, 31.
13. Voir Mt 9, 36.
14. Mt 4, 25 ; Mc 5, 24 ; Lc 7,9.
15. Mc 5, 31.
16. Voir Mc 6, 34 ; 7, 14 ; 8, 34.
17. Voir Mt 9, 33.
18. Voir chap.3.

Carte de la Palestine au temps de Jésus

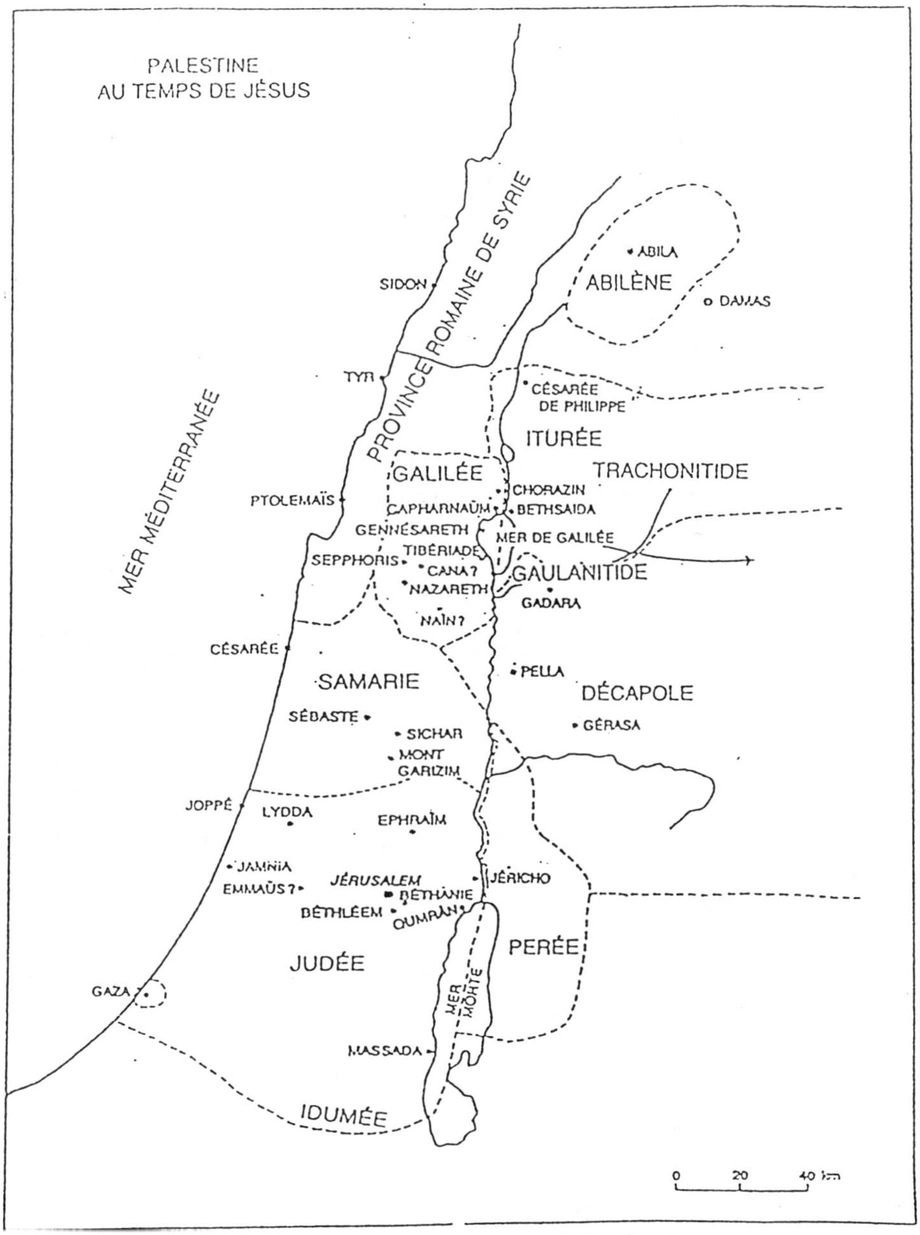

N.B. Les villes avec un ? sont des villes dont la localisation est incertaine.

Jésus les nomme « **ses amis** »[19]. C'est vraiment nouveau dans ce monde juif hiérarchisé.

Qui sont-ils donc pour être les amis de Jésus ? Pas des notables ni même des Juifs pieux. Avant de le suivre, ils vivaient de la pêche[20], étaient collecteurs d'impôts ou douaniers[21]. Certains faisaient même, semble-t-il, de la « politique d'opposition »[22]. Tous sont des Galiléens.

J'aurais bien voulu vivre avec Jésus. J'aurais eu la foi plus facilement...

◀

On imagine souvent que la proximité de Jésus entraînait une adhésion facile. Est-ce si sûr ? Ouvrons les évangiles. Certes, les disciples sont dits « *bouleversés* »[23] et étonnés par cet homme, au point de lui obéir avec confiance : avec lui, « *ils partirent et proclamèrent qu'il fallait se convertir* »[24]. Mais Jésus les entraîne sur des chemins tellement neufs et risqués qu'ils ont du mal à le comprendre et à croire en lui. Ces évangiles nous rapportent qu'ils sont souvent « lourds » à comprendre et qu'ils manquent de foi : « *Vous ne comprenez pas cette parabole ? Alors, comment comprendrez-vous toutes les autres ?* » [25]; « *vous avez le coeur endurci* »[26] ; « *vous n'avez pas encore de foi* »[27], leur dit Jésus. Simon Pierre lui-même se fait traiter de Satan quand il refuse d'envisager la mort de son maître : « *Retire-toi, Satan, car tes vues ne sont pas celles de Dieu mais celles des hommes* »[28]. Pour ses proches, Jésus reste un grand point d'interrogation, comme pour nous aujourd'hui. « *Quel est donc cet homme pour que même le vent et la mer lui obéissent ?* » se demandent-ils[29]. « *Ils craignaient de l'interroger* » nous dit Marc[30]. Pour de l'argent, Judas le trahit. Simon Pierre lui-même s'enfuit lors de l'arrestation de son ami. Quand on l'interroge, il n'ose même pas dire qu'il le connaît.

19. Jn 15, 15.
20. Voir Mc 1, 16-20.
21. Voir Mc 2, 13-14.
22. Voir Mc 3, 18-19.
23. Mc 6, 51
24. Mc 6, 12.
25. Mc 4, 13.
26. Mc 8, 17.
27. Mc 4, 40.
28. Mc 8, 33.
29. Mc 4, 41.
30. Mc 9, 32.

Aurions-nous cru plus facilement si nous avions vécu avec Jésus ?

Comment se fait-il que le message de Jésus ne soit pas mort avec lui ?

On peut se le demander. C'est tout le mystère de la foi. La permanence du message dit d'abord quelque chose de sa valeur et de son efficacité étonnante dans la vie des hommes. En effet, une idéologie dure généralement quelques années ; ensuite, elle est détrônée par une autre. La foi chrétienne n'est sûrement pas de l'ordre de l'idéologie : sinon, comment aurait-elle pu traverser tant de siècles, malgré tout le « péché » de l'Eglise qui, depuis l'an 30, est porteuse de cette foi ? Comment aurait-elle résisté aux persécutions qui, d'autre part, ont tenté de la détruire?

Mais quand Jésus meurt, il laisse une communauté toute petite, toute fragile. Elle a pris peur et s'est même dispersée après la crucifixion. Déçue et attristée, elle n'attend pas du tout une résurrection de Jésus, de ce Jésus que Dieu a laissé mourir.

DEUXIÈME ÉTAPE : UN « ÉVANGILE » VÉCU ET ANNONCÉ PAR DES COMMUNAUTÉS...

• Un groupe qui fait l'expérience du Ressuscité...

C'est dans ce désarroi laissé par sa mort que Jésus Ressuscité se présente à ses amis. Or, les évangiles ne nous disent rien de sa résurrection. La seule chose qu'ils nous disent, c'est que les apôtres font l'expérience de vivre avec lui comme avec un vivant[31].

Il les rejoint dans leur vie. Cela les déconcerte. Ils doutent et en débattent comme nous le faisons. Lorsqu'ils disent à Thomas : « *Nous avons vu le Seigneur* », celui-ci réplique : « *Si je ne vois pas dans ses mains les marques des clous, si je n'enfonce pas mon doigt à la place des clous et si je n'enfonce pas ma main dans son côté, je ne croirai pas* »[32]. Comme nous, ils aimeraient

31. Voir chapitre 6.
32. Jn 20, 25.

bien des « preuves » matérielles de la résurrection de Jésus. Des preuves, ils n'en auront pas... Mais voilà que « *de nouveau réunis dans la maison* » pour parler de cette expérience qui les bouleverse, ils comprennent que leur vie est radicalement changée. **Jésus vit en eux.** Ils en sont convaincus. Il est là au milieu d'eux, cela les transforme. Ils sont des hommes nouveaux, « sauvés ». Après les larmes, c'est la joie. Après la peur, c'est l'« assurance ». Après le repli sur eux-mêmes, c'est le départ en mission. Cette transformation ne vient pas d'eux, ils en sont sûrs : Dieu a arraché Jésus de la mort, Jésus ne mourra plus. **Il leur a remis son Esprit.** Mais cela ne peut rester caché dans l'intériorité du coeur. Une telle Bonne Nouvelle doit être proclamée. Ils en sont tellement convaincus et tellement heureux qu'ils décident de quitter leurs abris et de se regrouper[33].

Ainsi, la communauté dispersée se reconstitue peu à peu. Dans les Actes, Luc parle de 40 jours mais c'est un chiffre symbolique[34]. Il a fallu du temps pour qu'elle prenne conscience de son originalité chrétienne.

Ils vivent comme des Juifs ou comme des chrétiens ?

Au départ, le groupe des disciples vit comme une secte juive. Ils prient au Temple, prêchent dans les synagogues, respectent les coutumes juives... Mais, par le fait qu'ils accueillent parmi eux des païens, qu'ils mangent à leur table, et qu'ils remettent en cause la nécessité de la circoncision, ils se font rejeter par les Juifs. En ce temps-là en effet, il n'est pas pensable qu'ils fréquentent des païens[35]. Alors le judaïsme officiel se fait persécuteur.

Quant à eux, ils prennent le nom de chrétiens à Antioche, quelques années après la résurrection[36] mais ils vont se poser des questions sur leur attitude face à la

33. Nous verrons cela au chapitre sur la résurrection. Nous avons beaucoup de questions à ce sujet.
34. Ce chiffre rappelle les 40 ans pendant lesquels le peuple libéré d'Egypte a traversé le désert en attendant d'arriver en terre promise.
35. Voir chap 3.
36. Voir Ac 11, 26.

tradition juive, jusqu'à l'Assemblée de Jérusalem (en 48-49).

Grâce au travail effectué ce dernier siècle sur les lettres de Paul (écrites entre 51 et 63) et les Actes des Apôtres de Luc (écrits vers 80-90), il est possible de cerner leur vie. Ils sont tout éclairés par l'expérience forte de Jésus vivant en eux et par la venue de l'Esprit de Pentecôte qui leur a donné une nouvelle force[37]. Ils se sentent appelés à vivre en fidélité à ce qu'ils ont reçu de lui, à vivre ensemble et à tout partager, même leurs biens. Ils lisent l' Ancien Testament. Ils refont le dernier repas pris avec Jésus qu'on appelle la Cène[38]. Chacun recherche des détails dans les paroles et gestes de cet homme. Ainsi ils se racontent comment ils l'ont laissé seul à la passion. Quand d'autres disciples qui n'ont pas connu Jésus et les événements de l'an 30 se joignent à eux, ils doivent raconter et expliquer ce que signifie « rompre le pain, boire la coupe ».

C'est en célébrant le Ressuscité (c'est-à-dire en rompant le pain et en buvant la coupe comme l'a fait Jésus avant sa mort) que naît un premier récit oral de la mort de Jésus : on l'appelle « récit de la passion ». Mais ils ne racontent pas la passion d'un mort ; ils la racontent en expliquant au nouveau venu que ce mort est vivant, présent dans sa communauté et que c'est lui, le Ressuscité, qui parle par leur bouche. Les récits actuels de la passion, cités dans nos évangiles, sont donc bien des récits sur Jésus, faits après coup, à la lumière de la résurrection. Par là, les disciples, puis les disciples des disciples, disent leur foi.

• Un groupe qui parle et se forge une mémoire.

Très vite, les disciples comprennent qu'ils doivent se déplacer : la Bonne Nouvelle de Jésus ne peut être réservée ni à un lieu ni à un peuple.

37. Voir chapitre 6.
38. Voir chap 5.

Se sont joints à eux Barnabé et sept autres, dont Etienne et Philippe, ainsi que Paul, persécuteur des chrétiens, converti vers 36.

Comme ils le faisaient avec Jésus, **ils partent prêcher** « *sans or, sans argent, sans monnaie, sans sac, sans tunique, sans sandales, sans bâton...* »[39]. Ils partent comme des pauvres mais riches d'un trésor qui vaut bien tout l'or du monde. Aux Juifs qu'ils rassemblent puis aux païens, ils veulent dire leur foi en Jésus ressuscité. Mais comment faire vite et avec justesse ? Ils le font dans de courtes phrases qui résument l'essentiel de la Bonne Nouvelle et qui se colportent bien. Elles sont apprises par coeur et chacun peut les transmettre à son tour. C'est ce qu'on appelle les « **premières proclamations** » ou encore le « **Kerygme** » (mot grec qui signifie annonce). Ils font un peu comme ces différents messagers qui, à cheval, allaient porter le message du roi au chef d'une armée, puis le même message au chef d'une autre armée...

Leur discours comporte des variantes selon le milieu où ils parlent, car il s'agit de bien se faire comprendre : en effet, on ne parle pas à des Juifs croyant en un seul Dieu comme à des païens croyant en des dieux multiples. Voici ce qu'ils proclament sur les places, dans les campagnes et dans les maisons : « *ce Jésus que vous avez crucifié, Dieu l'a ressuscité* », « *il l'a exalté et l'a fait Seigneur* » ; « *nous en sommes témoins* » ; « *il nous envoie son Esprit* » ; « *croyez en la Bonne Nouvelle* » ; « *vous serez sauvés* ». On retrouvera cette première proclamation orale dans les évangiles écrits bien des années plus tard ; nous y reviendrons en parlant de la résurrection au chapitre 6.

Chacun se remémore aussi **les paroles de Jésus**. Tiens, tel jour en Galilée, il a dit ceci. Tel autre jour en Judée, il a dit aussi cela. A Jérusalem peu avant sa mort, il nous a enseigné encore bien plus. Toutes ces paroles de Jésus sont apprises, regroupées pour la prédication orale. On les retrouvera dans les discours des évangiles, par exemple dans le « discours sur la montagne » [40] ; on

39. Mt, 10, 9.
40. Mt, chapitres 5, 6 et 7.

comprend bien que Jésus ne l'a pas prononcé au même endroit, le même jour !

Au cours de la vie communautaire, ils se racontent les uns aux autres les histoires que Jésus aimait raconter pour faire comprendre le *Règne de Dieu.* Elles aussi, ils les regroupent, car il faut les transmettre. Dans les évangiles, ce seront **les paraboles**, parfois rassemblées dans un même chapitre, comme si Jésus les avait dites au même moment.

Jésus a aussi fait **des miracles**. Il faut donc dire à tous comment il a voulu manifester sa victoire sur le mal. Alors, ils les racontent à la file, comme on raconte à la file ce qu'on a vécu avec quelqu'un qui nous était cher.

Ainsi, de petits ensembles voient le jour : des « paroles » de Jésus et des récits sur Jésus, qui se colporteront un peu partout dans le bassin méditerranéen. Certains mêmes circulent peut-être sur papyrus.

Ainsi, les disciples racontent ce qui les a marqués chacun, et ce dont ils se souviennent des années plus tard ? Mais ce qu'ils « racontent » est-il « exact » ?

En guise de réponse, voici une autre question : pourquoi les différents témoignages d'un accident ne sont-ils pas écrits de la même manière, et sont même parfois divergents ? N'est-ce pas que chacun, placé dans un lieu différent, a été « marqué » par tel ou tel détail ? Celui qui s'intéresse à l'événement ne jugera-t-il pas ces témoignages comme complémentaires ?

Voici encore une autre question : est-ce qu'à ma fille, je raconte sa naissance dans les mêmes termes et avec les mêmes détails quand elle est petite, quand elle est sur le point de donner naissance elle-même à son enfant et quand celui-ci est né ? A chaque fois, je parle bien du même événement, selon ma propre expérience, mais aussi selon les questions posées à tel moment par la personne qui y est affrontée.

Les disciples se souviennent de leur ami Jésus : tout ce qu'ils en disent est très lié à leur propre expérience et aux multiples questions posées par leur vie de chrétiens, et par la vie de ceux qu'ils rencontrent. C'est cela qui les pousse à rassembler leurs souvenirs sur tel ou tel point. Pour répondre aux besoins de leur communauté, ils remettent en mémoire de façon nouvelle et « traduisent », pour une situation neuve, telle parole ou tel acte de Jésus (Voir en encadré l'image du laboratoire photo). Par exemple, quelles relations entretenir avec des pécheurs ou des païens ? On cherche à se souvenir, on rassemble des paroles et des récits de ce qu'a fait Jésus ; on adapte à la situation, on transmet. Autre exemple : un groupe de chrétiens subit des attaques ? Des controverses de Jésus avec ses adversaires reviennent à la mémoire; on les regroupe, on se les raconte et on les interprète pour sa propre situation.

Le laboratoire-photo.

Dans son livre « **Pour lire le Nouveau Testament** », **E. Charpentier** utilise une comparaison éclairante :

« Les disciples ont été « impressionnés » par la personne de Jésus. Ce mot est utilisé aussi en photographie : quand on prend la photo d'un objet, la pellicule est impressionnée, l'objet y est enregistré, mais on ne voit rien. Pour qu'apparaisse l'image qu'elle a enregistrée, pour que cette image soit révélée, il faut que la pellicule soit plongée dans un bain qu'on appelle précisément un « révélateur ».

On pourrait dire que, de la même façon, les disciples ont été « impressionnés » par la personne de Jésus, par sa façon de vivre, par ses paroles et ses actes. Mais à ce moment, ils ne le savent pas, et après la Pentecôte, tout cela reste noir. Pour que cette image multiple qu'ils gardent de lui apparaisse, il va falloir qu'ils soient plongés dans ce bain révélateur qu'est la vie des différentes communautés.

On sait que le développement en laboratoire est important : selon le temps d'exposition ou les produits utilisés, la photo sera plus ou moins contrastée, on peut faire varier les couleurs, faire apparaître tel ou tel détail... De même, les images de Jésus seront un peu différentes selon le « révélateur », selon les communautés où elles sont traitées, selon les questions qui sont posées.

Ainsi, durant les années qui suivent la Pentecôte, on pourrait comparer la Palestine, l'Asie Mineure, la Grèce... à un immense laboratoire-photo où les différentes communautés amènent les disciples à révéler ces images multiples de leur maître, des communautés composées les unes d'anciens Juifs devenus chrétiens et d'autres d'anciens païens, les unes de prolétaires et d'esclaves, les autres de commerçants, d'artisans, de professions libérales... »

Ed. du Cerf, 1982, p. 12.

Pourquoi un Évangile encore oral ? Pourquoi n'ont-ils rien écrit de suite ?

Il nous semble que l'évangile serait plus crédible s'il avait été écrit du vivant de Jésus. On aurait une « vraie » histoire de cet homme, des paroles « exactes » dites à tel endroit, tel jour.

Mais à cette époque, ceux qui écrivent le font sur des papyrus bon marché mais fragiles, ou du parchemin résistant mais cher.

De plus, dans le monde juif, la tradition orale a un prestige énorme, contrairement à notre monde occidental où c'est l'écrit qui fait sérieux. On récite la « Torah » (Loi) avec des techniques de mémorisation. Ainsi au 1er siècle, en Palestine, rares sont ceux qui écrivent.

D'autre part, dans les années 30-40, Jésus n'est pas un défunt dont on récolte pieusement les paroles. Il est le « maître » présent dans la communauté qui parle par les disciples. Ce n'est pas pour rien qu'on lui donne le titre de « Seigneur ».

Aujourd'hui, nous sommes gênés. Nous aimerions pouvoir distinguer ce que Jésus a dit avant sa mort et ce qu'il « dit » depuis sa résurrection, dans la communauté de ses disciples. Or, dans le monde de cette époque, ne pas faire cette distinction ne pose pas de problèmes. Le « Seigneur » qui les inspire est bien le Jésus qu'ils ont connu.

Nous l'avons dit aussi : il y a déjà un écrit, l' Ancien Testament. Il est la Bible des premiers chrétiens et des Juifs. Les disciples n'ont pas idée d'en écrire une autre.

Enfin, un autre élément peut expliquer l'oralité de l'Évangile des premières années : les chrétiens sont dans l'attente d'une « parousie » proche, c'est-à-dire du retour de Jésus pour le dernier jugement. Ainsi Paul semble persuadé d'être encore en vie au moment de ce retour. Il n'y a donc pas de raison de mettre par écrit ce qu'on sait du Seigneur puisqu'il est sur le point de revenir.

Mais dans les années 60-70, tout cela va être bousculé :

— les témoins oculaires, martyrisés, commencent à disparaître. Comment continuer à raconter fidèlement Jésus ?

— vers 70, c'est la destruction du Temple de Jérusalem[41]. Pour le monde juif, c'est le choc. On est persuadé du retour imminent du Seigneur qui vient établir définitivement son Règne.

Cependant, cette « parousie » tarde. Il faut bien continuer à vivre et à s'organiser, car les communautés se sont multipliées et dispersées dans divers pays. On va alors mettre par écrit ces premiers récits sur Jésus.

TROISIÈME ÉTAPE : IL A BIEN FALLU ÉCRIRE DES « ÉVANGILES ».

Les exégètes[42] ont des points d'accord : ils pensent que la proclamation orale de la Bonne Nouvelle ne s'est pas arrêtée après l'apparition des premiers recueils écrits. Ils constatent que la première période orale dont nous venons de parler a été une période créatrice et enthousiaste. C'est là que les paroles de Jésus auraient été le plus actualisées. Est venue ensuite une deuxième période où l'enthousiasme serait retombé. C'est l'époque où la technique de mémorisation stricte aurait dominé. Cette période a abouti à la mise par écrit des évangiles à partir des « matériaux » qui existent déjà dans les communautés.

Cependant, les évangiles ne sont pas les premiers écrits. Paul, ce converti, a déjà envoyé de nombreuses lettres aux communautés qu'il avait fondées. Ce sont les textes les plus anciens ; ils tiennent une grande place dans le Nouveau Testament, mais ils ne racontent pas la vie de Jésus comme vont le faire les évangiles[43].

Dès les premiers versets de son évangile, Luc fait bien référence à cette tradition orale parvenue jusqu'à lui ; il explique pourquoi il désire la mettre par écrit :

> « *Puisque beaucoup ont entrepris de composer un récit des événements accomplis parmi nous d'après ce que nous ont transmis ceux qui furent dès le début témoins oculaires et qui sont devenus serviteurs de la*

41. Voir chap 3.

42. Les exégètes sont ceux qui étudient les textes de l'Ancien et du Nouveau Testament.

43. Nous utiliserons beaucoup ces lettres quand nous parlerons de la résurrection et de Jésus sauveur, au chapitre 7.

Parole, il m'a paru bon à moi aussi, après m'être soigneusement informé de tout, à partir des origines, d'en écrire pour toi un récit ordonné, très honorable Théophile, afin que tu puisses constater la solidité des enseignements que tu as reçus »[44].

Nous avons ainsi **quatre évangiles,** mis en forme en trente ans, entre 70 et 100.

Qui sont ces évangélistes nommés Marc, Matthieu, Luc, Jean, dans notre Nouveau Testament ?

Ce sont les noms des derniers rédacteurs. Mais en fait, les textes ont été rédigés en plusieurs étapes au sein des communautés. Le but est toujours de dire sa foi à des destinataires bien déterminés.

Ainsi **à Rome vers 70, Marc** achève la rédaction de l'évangile le plus ancien. Il n'a pas connu Jésus mais en tant que disciple de Pierre, il met par écrit sa prédication. Il est membre d'une **communauté composée d'anciens païens**, de culture romaine. C'est pourquoi, il est obligé de traduire les mots araméens de Jésus[45] et d'expliquer à ces gens loin de Jérusalem certaines coutumes juives. C'est aussi le temps des persécutions par Néron. Pierre vient de mourir martyr en 64. La communauté de Marc est ébranlée. Ainsi, dans ce texte écrit pour elle, la croix de Jésus prend une place centrale : cet homme est Christ, Fils de Dieu, mais ce Fils de Dieu ne peut être découvert qu'après sa mort sur la croix et pas seulement à partir de ses guérisons. A son tour, la communauté persécutée ne pourra découvrir Jésus que si, à sa suite, elle prend sa croix et tient le coup dans la foi.

Luc, quant à lui, se trouve à **Antioche**. C'est vers **80-90** qu'il met la dernière main à son évangile et aux Actes des Apôtres. C'est un grec cultivé, un médecin, dit-on, compagnon de Paul pendant des années. Il écrit à des **communautés grecques, anciennement païennes**, et s'adapte à leur mentalité. Il manie la langue avec élégance et évite les mots qui prêteraient à confusion. Ainsi, dans ce monde où les empereurs sont appelés « Seigneurs », il prend soin de dire que Jésus est le « seul Seigneur ». Dans ce monde où la résurrection de Jésus est impossible à concevoir, il utilise l'expression :

44. Lc 1, 1-4.
45. L'araméen est la langue parlée par Jésus.

« Jésus est vivant ». Par contre, à l'opposé de Matthieu, il n'a pas besoin d'insister sur le caractère universel de la Bonne Nouvelle : ses Eglises nées loin du monde juif savent déjà s'ouvrir aux païens. Quand il relate les déplacements de Jésus, il ne semble pas connaître la géographie du pays. Cela peut nous heurter ; l'important pour Luc est de révéler à sa communauté de païens que la Bonne Nouvelle n'a pas été réservée aux Juifs. Etre apôtre, c'est prendre son bâton de pèlerin vers le monde entier. Il présente un Jésus délicat envers les pauvres, les femmes et les lépreux, et il insiste sur la tendresse de Dieu qu'il manifeste. Les chrétiens persécutés auxquels il s'adresse ont besoin d'être réconfortés et d'être exhortés à l'imiter. Ainsi, Luc est le seul à signaler que de la sueur coulait comme des gouttes de sang sur le visage de Jésus lors de sa passion, mais qu'un ange venant du ciel « *le réconfortait* »[46].

Vers la **même époque**, bien loin de Rome, **en Syrie et Palestine, Matthieu**, l'un des douze apôtres, écrit pour **des juifs devenus chrétiens**. Son style est un peu celui d'un enseignant. Ses destinataires connaissent bien les écritures (l' Ancien Testament), c'est pourquoi il s'y réfère souvent. Ils vivent durement le conflit avec les Pharisiens des années 80 qui les ont rejetés de leurs synagogues. Pour les encourager à tenir, Matthieu insiste alors sur les nombreuses controverses de Jésus avec les scribes[47]. Il stimule aussi leur ouverture aux païens, particulièrement difficile pour d'anciens Juifs, en rappelant le désir de Jésus d'envoyer ses disciples dans le monde entier.

Jean enfin, écrit **entre 95 et 100 pour une communauté d'Ephésiens**, semble-t-il, pétris de philosophie grecque, souvent tentés d'acquérir le salut par la seule connaissance[48]. Il écrit alors un évangile d'un genre littéraire particulier. Il choisit quelques faits marquants et en développe toute la signification. Son style est fait de longues méditations et de discours encadrant d'amples narrations des miracles de Jésus. Il rejoint ainsi les habitudes de pensée de sa communauté et désire la

46. Lc 22, 43-44.
47. Voir chap 3.
48. C'est ce qu'on appelle la gnose.

provoquer au choix radical de la foi : croire c'est aller vers la Vie ; refuser la foi c'est aller vers la mort.

Ces quatre évangélistes se sont-ils connus? Il semble que Matthieu et Luc ne se sont pas connus entre eux : ils auraient séparément rencontré Marc ou auraient eu accès à son texte. Ainsi, quand on met les écrits de Marc, Matthieu et Luc en colonnes, côte à côte[49], on remarque d'un seul coup d'oeil que le genre littéraire « évangile » est le même, que le plan général des paroles et faits relatifs à Jésus est aussi le même.

Malgré leurs différences, on admet qu'ils ont eu des **sources communes.** Quand Matthieu et Luc ont écrit, ils devaient connaître le texte de Marc. Ce texte leur a fourni des indications géographiques et chronologiques qu'ils ont gardées. Ils y ont ajouté ce qui venait de la tradition orale propre à leur communauté. Pour ce qui concerne les paroles de Jésus, Matthieu et Luc ont eu accès à un même recueil, que Marc, semble-t-il, n'a pas connu.

Cependant, chaque évangéliste s'implique dans ce qu'il choisit de transmettre, selon les besoins de sa communauté.

Alors, les évangiles sont des « constructions » pas « neutres » du tout ?

En effet : il est impossible de raconter quoi que ce soit de manière neutre ! Avec les mêmes éléments, chaque évangéliste a fait une sorte de montage, comme avec les mêmes diapositives, je peux faire des montages différents, réfléchis suivant les besoins du public que j'invite, et aussi suivant ce que je suis moi-même. Prenons une autre image. Un joaillier ou un orfèvre ne créent pas l'or qu'ils utilisent. Il existe. Mais avec celui-ci ils forgent une dent, un bracelet, une coupe, une statue... Les évangélistes ont fait cela. Ils n'ont pas créé, ils n'ont pas inventé l'or, cet or qu'est Jésus de Nazareth, crucifié et ressuscité. L'or est « vrai », réel, « historique »,

49. C'est ce que fait un livre appelé Synopse. Pour Matthieu, Marc et Luc, il est relativement facile de les placer en colonnes qui se correspondent ; c'est pourquoi, on les appelle les évangiles synoptiques. Il est plus difficile de mettre Jean en parallèle avec les trois autres.

il les fait vivre. Mais ils l'ont forgé selon leur propre expérience de foi et les besoins des premiers croyants...

Alors, ils nous racontent des « histoires » ? Oui ! Mais **qu'est-ce que raconter ?**

Toute histoire, tout récit, et pas seulement celui des évangiles, est une construction. Celui qui raconte organise ses souvenirs, choisit les épisodes marquants, les met en scène selon sa propre logique, selon ce qu'il veut faire passer à ses interlocuteurs, et selon ce qu'il est. Nous en faisons l'expérience.

Pour autant, il n'invente pas les événements, il ne les crée pas. Il les prend dans ses souvenirs ou il les reçoit d'autres qui les lui ont racontés. Il nous met bien en relation avec la réalité passée.

En même temps, il l'actualise. S'il raconte le passé, c'est à cause du présent et des questions qu'il nous pose, et en vue de produire un effet utile pour l'avenir (pensons au bicentenaire de la Révolution Française...).

D'ailleurs, on ne mesure l'importance des événements historiques qu'après un certain temps.

Nous rêvons parfois naïvement d'une prétendue « objectivité ». Or, les historiens comme les journalistes savent bien qu'il n'existe pas de récit neutre. Ainsi, la simple manière de tenir une caméra, l'angle de prise de vue choisi, relèvent d'un choix et induisent une interprétation. A plus forte raison, un témoignage écrit développé...

Alors, peut-on connaître Jésus-Christ ? A quelles conditions ?

« CONNAÎTRE » JÉSUS-CHRIST ?

COMMENT LIRE LES ÉVANGILES AUJOURD'HUI?

L'Évangile n'est pas une vie détaillée de Jésus. Si nous cherchons cela dans le Nouveau Testament, nous en serons pour nos frais. Dans ces textes, il n'y a pas d'ordre chronologique et géographique qui s'impose. Le récit de la passion, pourtant le plus développé, ne nous donne pas beaucoup de détails. Cependant, tout ce qui est écrit s'enracine bien dans l'histoire de Jésus qui a dit ceci et fait cela mais pas forcément à la lettre...

L'Évangile, ce n'est pas non plus le recueil des expressions de foi ou des questions relevées à l'époque de Jésus. Ainsi, avant la passion et la résurrection de son maître, Pierre ne lui a probablement pas dit : « *tu es le Christ, le Fils du Dieu vivant* »[50]; il a sûrement exprimé sa foi, mais l'identité de Jésus n'a pu être découverte et exprimée en ces termes précis, qu'après l'expérience de la résurrection faite en communauté.

L'Évangile n'est pas non plus un livre de recettes qu'il suffirait d'appliquer. Jésus nous laisse responsables de construire nos vies aujourd'hui, selon son souffle. A nous de puiser dans les quatre évangiles en les considérant comme les faces complémentaires de la même Bonne Nouvelle.

Ainsi, **l'Évangile raconte le passé au présent** parce qu'à l'époque de la rédaction des évangiles, le Christ est cru et expérimenté vivant. En disant ce que Jésus a dit et fait dans le passé, les premières communautés disent en même temps ce qu'il est pour elles aujourd'hui, et ce qu'il les envoie vivre de radicalement neuf.

Comme les évangélistes, nous utiliserons dans ce livre le style de la narration ; avec eux, nous parlerons de Jésus en disant au présent : « il dit », « il fait », « il se rend à tel endroit, à tel moment »... Pour autant, il ne s'agira pas de retrouver Jésus, comme si nous avions vécu avec lui. Il ne s'agira pas de passer l'enregistrement de ses faits et gestes, ni d'entrer dans sa psychologie. Cela nous échappe. Mais, avec les évangiles, nous allons essayer de le faire vivre pour nous aujourd'hui. C'est cela qui nous intéresse.

Comme les premiers disciples, nous sommes invités à découvrir ainsi la Bonne Nouvelle de Jésus. Comme eux, ne nous faut-il pas nous souvenir, rechercher, relire et regrouper les actes et paroles de Jésus au fur et à mesure des questions qui se posent à nos vies d'hommes et de croyants, et puis si nous le voulons bien, partir à sa suite ?

50. Mt 16, 16.

COMMENT CONNAÎTRE ?

Nous pouvons nous contenter d'approcher Jésus avec notre seule intelligence, en historien. Cela est légitime.

Nous pouvons aussi lire son histoire en nous situant d'emblée à l'extérieur. Nous pouvons aussi en faire un grand homme. Cela encore est légitime et porte même des fruits.

Mais connaître quelqu'un, est-ce seulement savoir les grands traits de son histoire ? Ne faut-il pas l'accueillir non seulement avec son intelligence mais aussi avec son coeur ? Ne faut-il pas faire un bout de route avec lui et, chemin faisant, accepter d'être sans arrêt dérangé par lui, de voir sans arrêt se démonter l'image qu'on s'était faite de lui ? N'est-ce pas ainsi que nous cherchons à connaître nos amis, nos enfants, tout en acceptant de ne pouvoir les connaître totalement ?

Mais comment faire avec un absent ? C'est une question pour nous comme cela l'a été autrefois. Rappelons-nous alors : les disciples ont commencé à comprendre Jésus et à le « connaître » un peu mieux, lorsque celui-ci a disparu ! C'est alors qu'ils l'ont re-connu vivant et qu'ils ont eu envie de le proclamer. Or, c'est justement en parlant de lui qu'ils ont pu le découvrir vivant et entrer en intimité avec lui. Ce peut être vrai pour nous aussi (voir encadré). N'aurions-nous pas à passer par l'épreuve de son absence, tout en nous laissant interpeller par la foi écrite de ces premiers témoins qui nous disent : « Viens et vois »... et fais confiance !... C'est en nous risquant nous aussi à vivre de cette « Bonne Nouvelle » qu'est l'« Evangile », c'est en nous risquant à en parler, que peu à peu Jésus se révélera à nous. Il reste ce grand point d'interrogation qui donne envie d'aller plus avant à sa rencontre.

Lire l'Ecriture, qu'est-ce que ça change dans ma vie ?

« En lisant la Bible, j'étais toujours interpellée par l'intérêt que le Christ portait aux plus pauvres, aux exclus, aux hors-normes. C'était l'inverse de notre société et cela, j'avais envie d'y adhérer. Je me suis laissé embarquer dans une aventure. Je ne sais où elle va me mener, mais cela me change la vie.

Quand je lis les Ecritures et surtout quand je les partage, je trouve des points d'appui, des références pour ma vie. Ce n'est pourtant pas facile de cerner Jésus. J'essaie de comprendre ce qu'il aurait fait s'il avait été là avec moi, dans telle situation, et je me risque à choisir. Je ne suis pas toujours fidèle, je le sens bien, mais l'important c'est d'avoir en soi le grand désir de le connaître.

Je crois que la lecture des Ecritures me fait aimer la vie, et me pousse à la transformer avec les autres ». **Annie**

Cependant notre foi a besoin de comprendre. Nous allons donc essayer d'aller plus loin et de reprendre la vie, la mort et la résurrection de Jésus, afin que cet homme devienne pour nous un Vivant qui donne la Vie.

Chapitre 3

UNE VIE QUI POSE QUESTION

Aujourd'hui encore, des gens nous disent que Jésus a bouleversé leur vie, qu'il les fait vivre. Comment risquer son existence sur les chemins de Vie nouvelle proposés par Jésus ? Si les premiers chrétiens ont écrit les évangiles, c'est qu'ils ont senti le besoin de se rappeler la figure de Celui qu'ils annonçaient comme le Ressuscité. Il n'est pas n'importe qui, il n'est pas une idée, un symbole, un « idéal »... Il est « ce Jésus »..., « de Nazareth »..., un homme d'un lieu très précis, d'un temps très précis, d'un peuple très précis... porteur de son histoire, de son espérance, de sa foi... On ne peut le comprendre que dans ce milieu, et en même temps il n'entre dans aucune de ces catégories. On ne peut le classer nulle part ; ses paroles et ses actes sont souvent déroutants, étonnants, à contre-courant... Qui est-il donc ?

Avec les évangiles, essayons de fréquenter Jésus. Nous dirons : « Un jour, Jésus a fait... Un jour, Jésus a dit... ». Mais n'oublions pas : les évangélistes ont écrit dans la lumière de Pâques et en fonction de leurs difficultés à annoncer Jésus, au milieu du monde païen et des persécutions. Comme eux, avec eux, rappelons-nous...

UN HOMME SITUÉ...

Jésus est-il un résistant, un champion de la libération ?

UN JUIF DANS UN PAYS OCCUPÉ

Nous sommes en l'an 749 de la fondation de Rome, en Palestine, dans un petit pays de l'Asie mineure : situé entre le désert et la Méditerranée, il mesure environ 150 km de long sur 60 km de large. Ce pays frontière a souvent été envahi et occupé par ses grands voisins, l'Egypte, l'Assyrie, Babylone... A cette époque, il est **sous occupation romaine.** A Jérusalem, la capitale, réside un gouverneur nommé par Rome[1]. Il y a parfois des émeutes, réprimées dans le sang. Jésus est de ce pays, un Juif.

◀

Jésus ne fait pas partie de ces révolutionnaires, appelés zélotes ou « sicaires », qui font de temps en

1. Le gouverneur Ponce Pilate est celui qui aura le pouvoir de prononcer la condamnation à mort de Jésus.

temps des coups de main contre l'occupant. Il adresse sa prédication et ses miracles aussi bien au centurion romain qu'au Juif pieux. A son procès, on le taxera d'agitateur. Pourtant Jésus ne se laisse pas enfermer dans ce rôle ; au disciple qui brandit une épée pour le défendre, il ordonne : « *remets ton épée au fourreau* »[2] et à ceux qui veulent faire la grève de l'impôt, il dit cette phrase fameuse : « *Rendez à César ce qui est à César et à Dieu ce qui est à Dieu* »[3]. Sur ce point déjà, il est un original.

UN JUIF HÉRITIER DES PROMESSES.

Membre du peuple juif, Jésus est pétri de son histoire. Il connait la Bible. Elle lui apprend l'histoire d'un peuple choisi par Dieu, un peuple que Dieu a forgé en le faisant sortir de l'esclavage en Egypte, un peuple avec lequel Dieu a fait alliance[4]. Jésus est situé dans cette histoire de promesse, d'amour et de fidélité de la part de Dieu. C'est aussi une histoire d'engagement, de fidélité et d'infidélités de la part du peuple. Toute la société est religieuse. La « loi » c'est la Loi de Dieu. **Jésus vit la foi juive**. Il lit les Ecritures, il prie, il va au Temple, il partage l'espérance de son peuple.

Les Juifs attendent un « messie »[5]. Ce Messie doit rétablir le peuple dans sa splendeur d'autrefois... Il en fera à nouveau le « peuple de Dieu » uni et fidèle, comme aux temps du Roi David, ce grand ancêtre qui a rassemblé le peuple.

Un jour, Jésus est appelé « fils de David », « Messie »-« Christ » (consacré par Dieu). Pourtant il déçoit cette attente. Il refuse le « messianisme » c'est-à-dire cette conception d'un libérateur guerrier et roi à la manière des autres rois... Il dira : « *Ma royauté n'est pas de ce monde, sinon mes partisans auraient combattu pour*

2. Mt 26,52.
3. Mc 12, 14-17.
4. Nous n'avons pas ici la place de développer tout ce qui concerne le peuple juif avant Jésus. Il faudrait lire ou relire une introduction à l'Ancien Testament, par exemple E. Charpentier, déjà cité.
5. Mot qui signifie « oint » par Dieu.

moi »[6]. Alors, n'y aurait-il rien à attendre de lui ? De quelle royauté parle-t-il ?[7]

UN FILS DE CHARPENTIER.

Jésus a une famille. Sa mère s'appelle Marie. Elle a pour époux Joseph qui est charpentier. On parle de ses « frères », ce qui à l'époque peut aussi bien vouloir dire ses cousins. Il habite à Nazareth, une petite bourgade de la Galilée, une région qui n'a pas bonne réputation car la race et la religion des Juifs de Galilée n'est pas pure (les « vrais » Juifs sont à Jérusalem ou en Judée). Pendant 30 ans environ Jésus vit dans sa famille ; ce n'est qu'ensuite qu'il devient un prédicateur itinérant. Cela étonne beaucoup. On murmure : « *Que peut-il sortir de bon de Nazareth ?* »[8] ou encore : Un prophète, lui ? Mais lui, on sait d'où il est... « *Sa mère ne s'appelle-t-elle pas Marie et ses frères Jacques, Joseph, Simon et Jude, et ses soeurs ne sont-elles pas toutes chez nous?* »[9].

Précisément, les évangiles nous racontent que Jésus qui « *était soumis* » à ses parents leur échappe. A 12 ans, pendant que ceux-ci sont en pèlerinage à Jérusalem, il fait une espèce de fugue pour aller dans le Temple discuter avec les théologiens de l'époque ; quand on le trouve, il répond : « *Ne savez-vous pas que je dois être aux affaires de mon Père* »[10]. Une autre fois, on vient lui dire : « *Ta mère et tes frères sont là qui te demandent* », il répond « ***Qui sont ma mère et qui sont mes frères.? Ce sont ceux qui écoutent la Parole de Dieu et qui la gardent*** »[11]. Décidément, personne ne peut annexer Jésus.

6. Jn 18, 36.
7. Nous en reparlerons au chapitre 4.
8. Jn 1, 46.
9. Mt 13,55.
10. Lc 2,49. Nous verrons plus loin au chapitre 4 que Jésus parle de Dieu en disant « mon Père » et même « papa ».
11. Mt 12, 46-50.

UN PROCHE DES MOUVEMENTS BAPTISTES.

A 30 ans, Jésus commence sa vie d'homme public. Il apparaît d'abord comme un disciple de Jean le Baptiste. Jean est le célèbre leader d'un des mouvements religieux juifs qu'on appelle « baptistes », parce qu'on y adhère par un « baptême »[12]. Il appelle tout le monde à la conversion, les pécheurs et aussi les païens.

Jean conteste les habitudes des juifs pour qui le pardon des péchés s'obtient par les sacrifices d'animaux offerts au Temple. Les Juifs pratiquent aussi des « ablutions » : c'est un rite de purification pour se rendre aptes au culte, c'est-à-dire à la relation avec Dieu. Le baptême de Jean quant à lui, va plus loin : on ne se le donne pas soi-même, on le reçoit une seule fois ; mais surtout, ce baptême est lié à la conversion du péché : « *Les gens se faisaient baptiser par lui dans le Jourdain en confessant leurs péchés* »[13].

Jésus et Jean Baptiste ont un temps commun d'activité[14] et Jésus reçoit le baptême de Jean[15]. Pourtant celui-ci dit lui-même : « *Celui qui vient après moi est plus grand que moi et je ne suis pas digne de dénouer la courroie de sa chaussure...* »[16]. Il conduit ses disciples à Jésus[17]. Il se situe en précurseur.

Le récit du baptême de Jésus (voir encadré) marque son « entrée en scène » : cet homme est bien celui qu'annonçait Jean. Alors, l'intérêt se porte moins sur le baptême que sur la révélation qui a suivi... Le récit est livré aux lecteurs comme une clé pour la suite du livre[18]. Si Marc dit que les cieux se déchirent, c'est pour signifier que Dieu intervient en envoyant son Esprit sur Jésus. C'est Lui qui l'a choisi, en vue d'une mission[19]. Plus encore, il le déclare son *Fils*, son *bien-aimé*. Nous verrons petit à petit ce que cela peut vouloir dire.

12. Le mot baptiser signifie plonger dans l'eau.
13. Mc 1, 5.
14. Voir Jn 4, 1-2.
15. Voir Mc 1, 9-11.
16. Mc 1, 7.
17. Voir Jn 1, 35-37.
18. Voir Mc 1, 9 : note n de la TOB.
19. Voir Mc 1, 10-11 : TOB notes o, p, q.

Le baptême de Jésus (Mc 1, 9-11).

« Or, en ces jours-là, Jésus vint de Nazareth en Galilée et se fit baptiser par Jean dans le Jourdain. A l'instant où il remontait de l'eau, il vit les cieux se déchirer et l'Esprit, comme une colombe, descendre sur lui. Et des cieux vint une voix : "Tu es mon Fils bien-aimé, il m'a plu de te choisir" »

Pour mieux lire ce texte :

Lire ce qui précède (1, 1-8).

Lire les notes de votre Bible.

Noter les personnages. Se rappeler que les cieux étant la demeure de Dieu, cette expression est une manière de le mettre en scène sans prononcer son Nom.

Noter les mouvements (monter, descendre, venir...). Qu'est-ce qu'ils signifient ?

Quels rapports ont entre eux Dieu, Jésus, l'Esprit et Jean Baptiste?

Que nous apporte ce texte pour notre compréhension de Jésus, pour notre relation à lui ?

Notons déjà que **Jésus est bien différent de Jean et des baptistes** : il ne prêche pas en faisant venir au désert, mais en allant au devant des hommes dans les villes et les villages. Jean est un homme de Dieu. Cela se voit : il habite la solitude du désert, il vit en ascète, vêtu d'une tunique de peau et mangeant sauterelles et miel sauvage... Jésus, lui, mange et boit ; il mange même à la table des pécheurs[20] ; il se comporte comme tout un chacun au point qu'en comparaison avec Jean, on le traite de buveur et de glouton : « *En effet, Jean le Baptiste est venu, il ne mange pas de pain, il ne boit pas de vin, et vous dites : Il a perdu la tête. Le Fils de l'homme*[21] *est venu, il mange, il boit, et vous dites : "Voilà un glouton et un ivrogne, un ami des collecteurs d'impôts et des pécheurs". Mais la Sagesse a été reconnue juste par tous ses enfants.* »[22].

20. Voir Mt 9, 11.
21. Cette expression difficile est fréquemment utilisée par Jésus pour se désigner lui-même à la troisième personne.
22. Lc 7, 33-35.

Un tel homme peut-il être un homme de Dieu ?

FACE AU SYSTÈME DE LA « LOI »

LA « LOI ».

Nous sommes dans un pays régi par la « Loi », la Loi juive. Ce n'est pas une réalité civile ou administrative, c'est **une loi religieuse qui régit toute la vie en société.** Elle est une véritable révélation enseignée par Dieu. Elle fait partie de la Bible. On l'appelle la « Torah ». Elle se confond presque avec la Parole de Dieu ; pour parler de la Bible, on dit « La Loi et les prophètes ». C'est la charte de l'Alliance qui unit Dieu à son peuple. En l'observant, les juifs répondent à l'amour de ce Dieu qui les a choisis. Ils manifestent ainsi qu'ils sont bien son peuple, le peuple de l'Alliance.

Cette Loi régle toute sa conduite. Elle a un caractère absolu et gère tous les aspects de la vie. C'est ce qui permet au peuple de vivre en fidélité à ce Dieu qui lui a dit : *« Je serai votre Dieu et vous serez mon peuple »*. Cela doit passer par des actes concrets. Ainsi, le jour du sabbat (notre samedi) est un jour consacré à Dieu pendant lequel on ne peut faire aucun travail, même pas préparer quelque chose à manger (on prépare la veille), même pas guérir un malade ou faire plus de tant de pas pour aller où que ce soit... Ces actes ont réellement une valeur religieuse mais ils peuvent être vécus de façon légaliste ; c'est pourquoi ils seront objet de controverse entre Jésus et les fidèles de la Loi.

JÉSUS ET LES FIDÈLES DE LA « LOI ».

Où se situe Jésus dans la société juive de ce temps ? En continuité et cependant en tension... Il n'est pas de l'aristocratie des prêtres et des chefs du peuple (les *Sadducéens*). Il serait plutôt **proche du groupe des *Pharisiens*[23].** Ce sont les plus religieux des Juifs, pieux,

23. Le mot « *pharisiens* » signifie « séparés ». Leur stricte observance de la Loi en fait un groupe de « purs ». Voir TOB Mt 15,1 note z ; Lc 7, 36 note y. Voir Xavier-Léon Dufour, Dictionnaire du Nouveau Testament, article « *pharisiens* ».

plutôt progressistes par rapport aux Sadducéens. Ils appartiennent à tous les groupes de la société : il y a des savants (les *scribes* avec lesquels Jésus va débattre) mais aussi des gens du peuple comme lui, marchands, artisans, paysans. Ils prient trois fois par jour ; ils jeûnent deux fois par semaine, ils appliquent strictement le repos du sabbat ainsi que les règles rituelles de pureté, comme se laver les mains...[24]. Au Temple ils donnent la dîme c'est-à-dire le dixième de leurs ressources et font de nombreuses aumônes. On comprend qu'ils soient en général très estimés et qu'ils aient une grande influence.

Sur certains points, Jésus est proche d'eux. On le voit assez souvent manger chez eux[25]. Il partage leur foi en la Résurrection à laquelle tous ne croient pas[26]. **Il est un fidèle de la Loi, comme tout Juif de son époque. Et cependant, dans les évangiles, il apparait en conflit quasi permanent avec les *Pharisiens***, ces champions de la Loi de Dieu. Il les choque profondément. Pensez donc !

Le jour sacré du sabbat, Jésus fait de la boue avec sa salive pour la mettre sur les yeux d'un aveugle. C'est un travail défendu par la Loi. Et quand on le lui reproche, il se justifie : « *Ce qui est permis le jour du sabbat, est-ce de faire le bien ou de faire le mal ? de sauver un être vivant ou de le tuer ?* »[27]. Quelle insolence ! Pour qui se prend-il ? Ne connaît-il pas la Loi de Dieu ? Observer le sabbat, c'est se reconnaître membre du peuple avec qui Dieu a fait alliance. Jésus est donc contre Dieu ?

Plus encore, il entraîne ses disciples dans le même irrespect. Ce jour-là, on ne doit pas préparer à manger ; or, voilà que ses disciples froissent des épis de blé pour s'en nourrir ! En plus, ils ne jeûnent pas comme les bons Juifs, ils ne respectent pas les règles de pureté[28].

Jésus est-il contre la Loi ? Est-il un anarchiste ?

◀

Jésus ne rejette pas la Loi, il dit même : « *Je ne suis pas venu abroger la Loi mais la parfaire* »[29]. Elle est pour

24. Voir Mt 15, 1-20 ; Mc 2, 18-22.
25. Voir Lc 7, 36 ; 11, 37 ; 14,1...
26. Voir Mc 12, 18-22 et notes. Voir chapitre 6.
27. Mc 3, 4.
28. Voir Mc chap 2 et 3.
29. Mt 5, 17.

lui don de Dieu et expression de la fidélité du peuple. Par contre, il ne rejoint pas ses contemporains qui en font un absolu. Il considère qu'elle doit rester au service d'autre chose de plus important. Ainsi, quand quelqu'un est malade ou est dans le besoin, quelle est la volonté de Dieu ? Observer le sabbat et ne rien faire, ou venir en aide à son prochain ? Jésus dit un jour : « *le sabbat a été fait pour l'homme et non l'homme pour le sabbat... le Fils de l'homme est maître même du sabbat* »[30]. Pour lui, **la Loi est au service de l'homme**, de l'homme tel que Dieu le veut. Il dit un autre jour : « *Je suis venu pour que les hommes aient la Vie, la Vie en abondance* »[31].

Aujourd'hui comme hier, se référer à Jésus ne consiste pas à appliquer une Loi définie une fois pour toutes. Comme les Juifs, ne rêvons-nous pas d'un « mode d'emploi » simple pour réussir notre vie ? Voilà que Jésus casse bien des « absolus » : il emmène plus loin, plus profond. Il nous fait « nomades ». Jusqu'où va-t-il nous entraîner ?

Une guérison le jour du Sabbat.

« Il entra de nouveau dans une synagogue ; il y avait là un homme qui avait la main paralysée. Ils observaient Jésus pour voir s'il le guérirait le jour du sabbat ; c'était pour l'accuser. Jésus dit à l'homme qui avait la main paralysée : "Lève-toi. Viens au milieu". Et il leur dit : "Ce qui est permis le jour du sabbat, est-ce de faire le bien ou de faire le mal ? de sauver un être vivant ou de le tuer ?" Mais eux se taisaient. Promenant sur eux un regard de colère, navré de l'endurcissement de leur coeur, il dit à cet homme : "Etends la main". Il l'étendit et sa main fut guérie. Une fois sortis, les Pharisiens tinrent aussitôt conseil contre Jésus, sur les moyens de le faire périr. » (Mc 3, 1-6).

30. Mc 2, 27-28.
31. Jn 10, 10.

JÉSUS ET LES INFIDÈLES A LA « LOI ».

« Mon Dieu, je te rends grâces de ce que je ne suis pas comme les autres hommes, qui sont voleurs, malfaisants, adultères, ou encore comme ce collecteur d'impôts. Je jeûne deux fois par semaine, je paie la dîme de tout ce que je me procure »[32]. Cette prière est celle d'un *Pharisien*. Elle est typique. Quand on est *Pharisien*, on ne fréquente pas le peuple des pécheurs, ces *« maudits qui ne connaissent pas la Loi »*[33] !

Non seulement les *Pharisiens*, qui sont de fait des gens fort pieux, se considèrent comme les justes, les purs, les parfaits, mais leur souci de pureté aboutit à un rigoureux système d'exclusion. Leur mérite, leur « vertu » sont évidents mais il y a grand risque : seule une élite religieuse peut s'approcher de Dieu. Sur ce point, Jésus s'oppose à eux et scandalise ses contemporains ; cela provoquera des réactions de rejet contre lui : il change trop la religion...

• Les pécheurs.

Comme tout bon Juif, Jésus devrait se tenir à l'écart des pécheurs. Il devrait savoir que ceux-ci ne sont pas seulement des individus mais des catégories sociales entières. Rendus impurs par leurs métiers, ils ne peuvent être proches de Dieu :

Infréquentables sont les tanneurs, les éboueurs, les blanchisseurs... : ils sont amenés à toucher des choses « impures » et donc à devenir impurs eux-mêmes.

Soupçonnés d'immoralité sont les orfèvres, les colporteurs, les tisserands : ils ont affaire avec les femmes...

Considérés comme des voleurs sont les joueurs de dés, les usuriers, les *publicains* qui centralisent les impôts[34], les bergers[35].

32. Lc 18, 9-14.
33. Jn 7, 49.
34. Voir TOB Lc 3,12 note q.
35. Ce n'est pas pour rien qu'on nous les présente comme les premiers à avoir accueilli Jésus... Cela indique déjà la proximité de Jésus pour les exclus.

Or voilà que ceux qui accueillent Jésus sont le plus souvent ces gens-là ! Les évangiles les désignent : *publicains* et *pécheurs*[36], *publicains et prostituées*[37], *pécheurs*[38]..., toutes gens que les *Pharisiens* méprisent[39].

Jésus mange avec ces gens-là ! En Orient, manger avec quelqu'un, est un signe important de communauté de vie, de communion. Chacun mange une portion du pain rompu et béni par le maître de maison[40]. Aussi, quand Jésus s'invite chez Zachée, le chef des *publicains* à Jéricho, c'est un scandale, comme chaque fois qu'il mange avec des pécheurs[41]. Pire encore, Jésus accueille la femme adultère que selon la Loi on doit lapider[42] ; il se laisse toucher par la femme de mauvaise vie qui vient lui oindre les pieds : « *Si cet homme était un prophète, il saurait qui est cette femme qui le touche* »[43]. Pire encore, Jésus choisit le collecteur d'impôts Lévi comme disciple[44] ! C'en est trop. Ou bien cet homme est un « *impie* »[45], ou bien les idées sur Dieu et sur ce que doit être l'homme doivent être révisées.

Décidément, Jésus change la religion !

Aujourd'hui comme hier, la mentalité « religieuse » de la plupart des hommes ne consiste-t-elle pas à dire : il faut gagner des mérites aux yeux de Dieu pour qu'il nous récompense, pour qu'il nous aime. Avec lui, c'est donnant donnant : on n'a rien sans rien. Il faut bien qu'il y ait un ordre, dans ce monde ou dans le monde futur. Dieu en est garant. Or voilà qu'avec Jésus, nous entrons dans une autre logique. Qu'est-ce qu'il nous annonce ? Il dit : « *Je ne suis pas venu appeler les justes mais les*

36. Mc 2, 15 ; Mt 11,19 ; Lc 15,1.
37. Mt 21, 32.
38. Mc 2, 17 ; Lc 7, 37-39 ; 15, 2 ; 19, 7.
39. Voir Mt 11, 19 et Jn 7, 49.
40. En Mt 8,11, le repas est signe du festin du Royaume auquel Dieu nous invite. Voir chapitre 4 : le Royaume de Dieu.
41. Voir Mc 2, 15.
42. Voir Jn 8, 3-11.
43. Lc 7, 39.
44. Voir Mc 2, 14.
45. Impie signifie indifférent ou hostile à Dieu.

pécheurs »[46]. Il prend intérêt à la femme adultère plus qu'au prêtre ou au Juif pieux. Il prétend manifester l'amour de Dieu à un *publicain* et même à un centurion romain. Cette conception de l'amour au-delà de nos mérites nous heurte.

A l'époque de Jésus, le juif pieux considère comme un devoir religieux essentiel la mise à l'écart des pécheurs. Cela ne signifie pas pour autant qu'ils ne puissent être pardonnés. Dieu les appelle bien à se convertir mais on considère qu'il ne peut s'intéresser à eux qu'après leur conversion, jamais avant. C'est ce que renverse Jésus. Rappelons-nous comment il se conduit avec Zachée. Quand il le rencontre, il s'invite chez lui[47] ; non pas parce que l'homme a manifesté un mouvement de conversion, mais **gratuitement**. Zachée en est tout étonné. Les disciples aussi ; ils n'oublieront pas cet épisode. Les *Pharisiens* ne peuvent qu'être scandalisés.

Si Dieu aime le pécheur, à quoi bon être juste ? Comment Jésus justifie-t-il cela ? Est-il l'ennemi de Dieu ou est-il **le messager** d'un Dieu différent de ce que nous imaginons ? Le geste gratuit de Jésus ne dispense pourtant pas des exigences de la conversion. Zachée, nous dit l'Evangile, est « retourné » par cet amour premier ; à la fin du repas, il en tire les conséquences : c'est vrai, j'ai fait du tort à des gens, je vais réparer ; c'est vrai, je vis en riche égoïste, je vais partager... **Mais cette conversion n'a pas été la condition préalable pour que Jésus s'adresse à lui et lui manifeste son intérêt.** Elle est venue après, en conséquence, comme une exigence née de l'amour.

Comme les disciples, nous ne sommes pas au bout de nos surprises. Voilà qu'un jour **Jésus prétend pardonner les péchés.** C'est un scandale intolérable car « *Qui peut pardonner les péchés sinon Dieu seul? !* »[48]. Une fois encore, pour qui se prend cet homme ? Où cela nous entraîne-t-il ?

46. Mt 9, 13.
47. Lc 19, 1-10.
48. Mc 2,7.

• Les malades et infirmes

Les pécheurs ne sont pas les seuls exclus que Jésus réintègre en les reliant à lui et aux autres. Quand il rencontre des lépreux, il se laisse approcher et même toucher au lieu de s'écarter. Ce n'est pas seulement un geste répugnant et imprudent. C'est une faute religieuse. Ne sait-il pas que tous les malades et infirmes sont des « impurs » du fait de leur maladie ? La maladie, l'infirmité, la lèpre plus encore, sont forcément la conséquence d'un péché, soit des malades soit de leurs parents. Ainsi, quand les disciples rencontrent l'aveugle-né, ils demandent tout naturellement : « *Qui a péché, lui ou ses parents ?* » et Jésus répond : « *Ni lui ni ses parents...* »[49]. Aussi, **le guérir, ce n'est pas seulement soulager ses souffrances, c'est le réintégrer dans le circuit normal de la vie sociale et religieuse.** Il retrouvera ses « droits civiques » perdus, il pourra aller et venir librement, il pourra retourner au Temple interdit aux pécheurs... Il ne sera plus l'exclu ou le « paria » qu'il était jusqu'alors. Mais que va devenir l'ordre social ? On comprend l'inquiétude des docteurs de la Loi.

• Les samaritains

Les évangiles nous rapportent qu'un jour, Jésus arrive fatigué au bord d'un puits. Il demande à boire à une femme de Samarie[50]. Les disciples sont allés faire des provisions ; à leur retour, ils trouvent Jésus en conversation avec elle. Ils n'en reviennent pas : Jésus parle avec une femme, et en outre une femme de Samarie ! Elle-même est plus que surprise : « *Comment ? Toi, un Juif, tu me demandes à boire, à moi, une Samaritaine !* ». En effet, les *Samaritains* sont pour les Juifs des hérétiques, séparés des vrais Juifs depuis plusieurs siècles. Ils n'adorent pas au Temple de Jérusalem mais sur le mont Garizim en Samarie. Le mariage, et plus généralement tout contact entre Juifs et *Samaritains*, est interdit. On comprend l'étonnement de tous.

49. Jn 9, 1-41.
50. Jn 4, 4-42.

Dans la conversation, Jésus prend en compte la culture et la religion de cette Samaritaine, mais il lui propose un chemin nouveau : « *L'heure vient où ce n'est ni à Jérusalem ni sur cette montagne (le Garizim) que vous adorerez le Père. Les vrais adorateurs adoreront le Père en esprit et en vérité* ». Quel est donc ce chemin nouveau? « *Je sais, dit la femme, qu'un Messie doit venir, celui qu'on appelle Christ. Quand il viendra, il nous annoncera toutes choses.* » Jésus lui dit : « *Je le suis, moi qui te parle* ». Et voilà qu'elle va annoncer cette Bonne Nouvelle à tout son village.

On peut donc être un véritable adorateur de Dieu quand on est une Samaritaine, une « impure » !... C'est nouveau ; cela change bien des choses. Jésus choque plus encore quand, dans une de ses paraboles, il va jusqu'à donner en exemple un homme de Samarie lui aussi, le « bon Samaritain »[51]... C'est le monde renversé !

• Les païens.

Les païens sont plus exclus encore. S'ils pénètrent dans le Temple de Jérusalem, le haut lieu de la foi juive, ils sont immédiatement lapidés ! Un jour, une Cananéenne, une païenne, implore sa guérison. Jésus réagit d'abord en Juif : « *Il n'est pas bon de prendre le pain des enfants pour le donner aux chiens* »[52]... Mais il l'écoute : non seulement **il la guérit mais il cite sa foi en exemple.**

Aujourd'hui encore, bien des religions ont tendance à se présenter comme le chemin des « purs », des seuls « sauvés ». Chez les premiers chrétiens que nous décrivent bien le livre des Actes des Apôtres et les lettres de Paul, ce sera un drame. Faut-il limiter leur prédication aux Juifs, ceux qui sont déjà le « peuple de Dieu » ou bien faut-il s'adresser à tous (Juifs, Samaritains ou païens), sans distinction et sans préalable ? Qu'est-ce qui compte le plus : l'appartenance raciale ou religieuse d'origine, l'accueil ou le refus de la nouveauté de Jésus ?

51. Voir Lc 10, 30-37.

52. Mc 7, 27. Les « chiens » désignent les païens méprisés par les juifs..

JESUS ET LES FEMMES.

Les évangélistes notent que de nombreuses femmes suivent Jésus ; ils soulignent leur rôle à la croix, au moment de l'ensevelissement et surtout dans l'expérience et l'annonce de la résurrection. Cela ne nous étonne pas dans notre mentalité occidentale moderne.

Mais à l'époque, les femmes n'ont pas un statut équivalent à celui des hommes. Bien que la Loi les protège, elles n'ont pas les mêmes droits civiques ; elles sont juridiquement dépendantes de leur « seigneur » (leur mari), parfois même considérées comme sa « propriété » à l'instar de la maison et des serviteurs ; elles ne peuvent demander le divorce mais elles peuvent être répudiées[53] ; elles ne sont pas tenues à la prière du matin et du soir...etc.[54]

Jésus étonne et scandalise en faisant preuve d'une liberté étonnante vis à vis des femmes. Non seulement, il les fréquente, mais il se laisse toucher par elles[55]. Il prend la défense de la femme adultère que la Loi demande de lapider[56]. Non content de les guérir, il les cite en exemple[57]. Il est accompagné par certaines dont nous avons le nom, en même temps que par les douze apôtres[58] ; mieux encore, il confie à Marie de Magdala une mission en direction de ses disciples hommes[59].

Il n'est pas étonnant qu'on trouve deux sortes de textes sous la plume des disciples et particulièrement de Paul : certains reflètent davantage la situation et la mentalité de l'époque pour laquelle la femme est au second rang[60] ; d'autres manifestent la situation nouvelle déterminée par la parole et la pratique de Jésus. Dans la lumière de la résurrection, Paul pourra dire : « *Oui, vous tous qui avez été baptisés en Christ, vous avez*

53. Voir Mt 5, 31
54. Sur ces points, voir X.L. Dufour, Dictionnaire du Nouveau Testament.
55. Voir Mt 26, 7 ; Lc 7, 37-50 ; 10, 38...
56. Voir Jn 8, 3-11.
57. Voir Mt 15, 28 ; 25, 1-13 ; Lc 15, 8.
58. Voir Lc 8, 1-3 ; 23, 55.
59. Voir Jn 20, 17-18.
60. Voir 1 Co 14, 34-35.

revêtu Christ. Il n'y a plus ni Juif ni Grec ; il n'y a plus ni esclave ni homme libre ; il n'y a plus l'homme et la femme ; car tous, vous n'êtes qu'un en Jésus-Christ »[61].

LA « LOI » OU LE DON...

Le renversement est radical. Jésus est un fidèle de la Loi mais il refuse de l'absolutiser. La religion de la Loi établissait des distinctions claires (voire des exclusions) entre les vrais Juifs et ces « *maudits qui ne connaissent pas la loi* », entre les justes et les pécheurs, entre les purs et les impurs.

Par ses paroles et ses actes, Jésus introduit une ouverture et une possibilité radicalement nouvelles : « *Le sabbat est fait pour l'homme et non l'homme pour le sabbat* », « *Je ne suis pas venu pour les justes mais pour les pécheurs* », « *Les publicains et les prostituées vous précéderont au Royaume des cieux* », « *Tes péchés sont pardonnés* », « *Va, ta foi t'a sauvé* ». Pour lui, le pardon précède la conversion même s'il l'exige. La foi fait des miracles et non l'appartenance au groupe des purs. **L'amour, l'appel, la confiance, tout ce qui sauve est premier par rapport à ce qui juge, sépare, catalogue et exclut définitivement.** Ainsi, nous l'avons vu, quand on amène à Jésus une femme adultère qui selon la Loi devrait être lapidée, Jésus écrit sur le sable en disant : « *Que celui qui est sans péchés lui jette la première pierre* » (voir encadré). Le texte nous dit que les accusateurs partent tous, à commencer par les plus vieux !... La Loi à elle seule enferme, comme le fait le cercle des accusateurs autour de la femme. Le silence de Jésus puis sa parole, après le départ de tous, lui ouvrent un espace nouveau : « *Moi je ne te condamne pas. Va et ne pèche plus* »[62].

61. Ga 3, 27-28.
62. Jn 8, 3-11.

La femme adultère (Jn 8, 3-11)

« Les scribes et les Pharisiens amenèrent alors une femme qu'on avait surprise en adultère et ils la placèrent au milieu du groupe. "Maître, lui dirent-ils, cette femme a été prise en flagrant délit d'adultère. Dans la Loi, Moïse nous a prescrit de lapider ces femmes-là. Et toi, qu'en dis-tu?" Ils parlaient ainsi dans l'intention de lui tendre un piège pour avoir de quoi l'accuser. Mais Jésus, se baissant, se mit à tracer des traits sur le sol. Comme ils continuaient à lui poser des questions, Jésus se redressa et leur dit : "Que celui d'entre vous qui n'a jamais péché lui jette la première pierre". Et s'inclinant à nouveau, il se remit à tracer des traits sur le sol. Après avoir entendu ces paroles, ils se retirèrent l'un après l'autre, à commencer par les plus âgés, et Jésus resta seul. Comme la femme était toujours là, au milieu du cercle, Jésus se redressa et lui dit : "Femme, où sont-ils donc ? Personne ne t'a condamnée ?" Elle répondit : "Personne Seigneur" et Jésus lui dit : "Moi non plus je ne te condamne pas ; va, et désormais ne pèche plus" ».

On mesure à quel point Jésus renverse les données religieuses et sociales de son temps. On pressent déjà que cela le conduira à la mort... Ainsi, Marc présente ces tensions dès le début de son évangile[63]. Il indique qu'à partir de telles pratiques « *les Pharisiens tinrent aussitôt conseil avec les Hérodiens*[64] *contre Jésus sur les moyens de le faire périr* »[65].

Aujourd'hui encore, l'humanité ne manque pas de dieux juges ou garants d'un ordre rassurant, l'ordre du monde, l'ordre moral, l'ordre social... Pour les uns, ce que font les hommes est premier ; en conséquence, ils seront récompensés ou punis. Pour les autres, en raison du non-ordre et de la non-justice qui semblent régner, l'existence de Dieu est décrétée impossible. Dans les deux cas, Dieu est imaginé à la taille et à la convenance

63. Chap 2 et 3.
64. Les Hérodiens sont les partisans du roi Hérode.
65. Mc 3, 6.

des hommes, pour répondre à leurs exigences. Jésus, lui, nous présente un tout autre chemin, un chemin qui dépayse. Ce qui est premier, c'est le don qu'il nous propose, le chemin qu'il nous décrit comme ouvert. Pouvons-nous nous engager sur cette voie neuve ? La logique de Dieu telle que nous la révèle Jésus-Christ n'est pas celle à laquelle nous rêvons. Ce n'est pas le seul point sur lequel il renverse le « système » religieux.

FACE AU « SYSTÈME » DU TEMPLE.

Les évangiles nous rapportent une parole étonnante. Un jour, alors qu'ils sortent du Temple où ils vont prier comme de bons Juifs, un des disciples dit à Jésus « *Maître, regarde : quelles pierres, quelles constructions !* » et Jésus répond : « *Tu vois ces grandes constructions, il n'en restera pas pierre sur pierre* »[66]. Les disciples n'en croient pas leurs oreilles... Ils ont été élevés dans le respect sacré de l'ensemble politico-religieux dont le Temple est le pilier. Depuis le Roi Salomon, 950 ans avant Jésus-Christ, le Temple est le centre de la vie sociale et religieuse du peuple. Il vient juste d'être restauré et il y a de quoi être impressionné : 1380 m de murailles percées de 8 portes, des pierres de 12 mètres sur 1m50, une hauteur impressionnante, une décoration de feuilles d'or...

Le Temple est surtout le lieu de la présence de Dieu : c'est là qu'il réside, au milieu de son peuple. Il est le signe de son Alliance, une Alliance éternelle. Il n'est pas pensable qu'on puisse être relié à Dieu, sans ce haut lieu dans lequel s'organise la vie sociale en un véritable « système ». Essayons d'abord d'entrer un peu dans ce « système » pour pouvoir comprendre l'originalité et la différence de Jésus.

LE « SYSTÈME » DU TEMPLE.

Pour les grandes fêtes, le Temple est un lieu de pèlerinage qui attire les foules : la Pâque qui commémore la véritable naissance du peuple par sa libération d'E-

66. Mc 13, 1-3

gypte est la plus importante. Il y a aussi la Pentecôte, la fête des tentes, le jour des expiations. Mais l'activité est quotidienne : offrande de l'encens matin et soir, sacrifice d'un agneau également matin et soir, un sacrifice pour l'Empereur, et de nombreux sacrifices privés offerts par les gens. Certains sont obligatoires : guérison de la lèpre[67], « relevailles » de la jeune maman et présentation du premier né.

Tout ceci demande un personnel nombreux : 15 à 20.000 personnes vivent de ce « système » mais de manière très hiérarchisée (Voir encadré). Jésus aura affaire à eux tout au long de sa vie en des circonstances variées : enfant, il a été « présenté » au Temple[68] ; prédicateur, il est confronté aux prêtres ; arrêté, il sera jugé par eux et livré aux Romains...

Le personnel du Temple.

Le grand Prêtre est le chef politique de la nation même si les occupants romains lui ont enlevé une bonne partie de son pouvoir (c'est d'ailleurs eux qui le nomment). Les anciens grands prêtres gardent beaucoup d'influence ; c'est pourquoi on parle souvent des grands prêtres au pluriel (Jn 18,13) et c'est pourquoi Jésus comparaîtra à la fois devant Caïphe le grand prêtre, Hanne l'ancien grand prêtre et, bien sûr, le gouverneur romain Ponce Pilate. Quelques grandes familles ont l'exclusivité pour fournir le grand prêtre ou les assistants et le commandant du Temple. Ils en tirent de substantiels revenus.

Les prêtres ont une charge héréditaire ; ils sont 1200 répartis en 24 sections. Chaque section vient remplir son rôle deux fois par an pendant une semaine. Ainsi Zacharie, le père de Jean Baptiste était *« prêtre de la classe d'Abia...Vint pour Zacharie le temps d'officier devant Dieu selon le tour de sa classe ; suivant la coutume du sacerdoce, il fut désigné par le sort pour offrir l'encens à l'intérieur du sanctuaire du Seigneur. Toute la multitude du peuple était en prière au dehors à l'heure de l'offrande de l'encens... »* (Lc 1, 5-25). Entre leurs périodes de service, ils rentrent chez eux et exercent de petits métiers car ils ne perçoivent la dîme que pendant leur semaine de travail au Temple.

.../...

67. Voir Mc 1,44.
68. Voir Lc 2, 22-39.

Les lévites sont 9600, répartis en 24 sections selon le même système, pour des tâches subalternes, depuis le chant jusqu'au rôle de portier ou de sacristain. Mais eux n'ont pas droit à une part de la dîme et sont donc très pauvres.

Notons que, hors de Jérusalem, il y a dans chaque ville ou bourg des **synagogues**, lieux de prière et de formation. Les Juifs s'y rassemblent chaque sabbat : ils y écoutent la lecture de la Loi que tout adulte peut commenter. Ainsi font Jésus ou Paul[69]. Vers 70, le Temple sera détruit par les Romains. Ce sera un bouleversement immense ; la vie juive s'organisera plus encore autour des synagogues. Dans leur rédaction, les évangélistes prendront en compte cet événement, afin de soutenir la foi ébranlée des communautés issues du judaïsme.

Le Temple est l'image exacte de la structuration sociale du pays (Voir plan en encadré). Il est fait d'enceintes successives. L'enceinte extérieure, le *parvis des païens*, est une espèce de place publique, séparée du sanctuaire proprement dit par une balustrade ; une inscription interdit aux étrangers de la franchir sous peine de mort. A l'intérieur, on trouve la cour des femmes et plus à l'intérieur la cour des hommes. Plus à l'intérieur encore, se trouve la cour des prêtres avec l'autel des sacrifices. La partie centrale comporte un portique (50m x 50m), le « *Saint* » (10m x 20m) avec l'autel des parfums et le chandelier à 7 branches ; enfin voilà le « *Saint des saints* », vide, séparé par un rideau : seul, le Grand Prêtre y entre et encore, une seule fois par an[70]. Le système du Temple comme le système de la Loi forge dans les faits et dans les mentalités un ensemble de séparations hiérarchiques. Parce que Dieu est « le très Saint » inaccessible, les hommes sont rangés en classes de plus ou moins grande proximité avec lui : du Grand Prêtre qui pénètre dans le Saint des saints jusqu'au païen qui ne peut franchir les barrières...

69. Voir Lc 4, 16-20 ; Ac 13, 15.

70. A la mort de Jésus cette séparation sera déchirée (Mc 15, 38). C'est tout un symbole !

Le plan du Temple

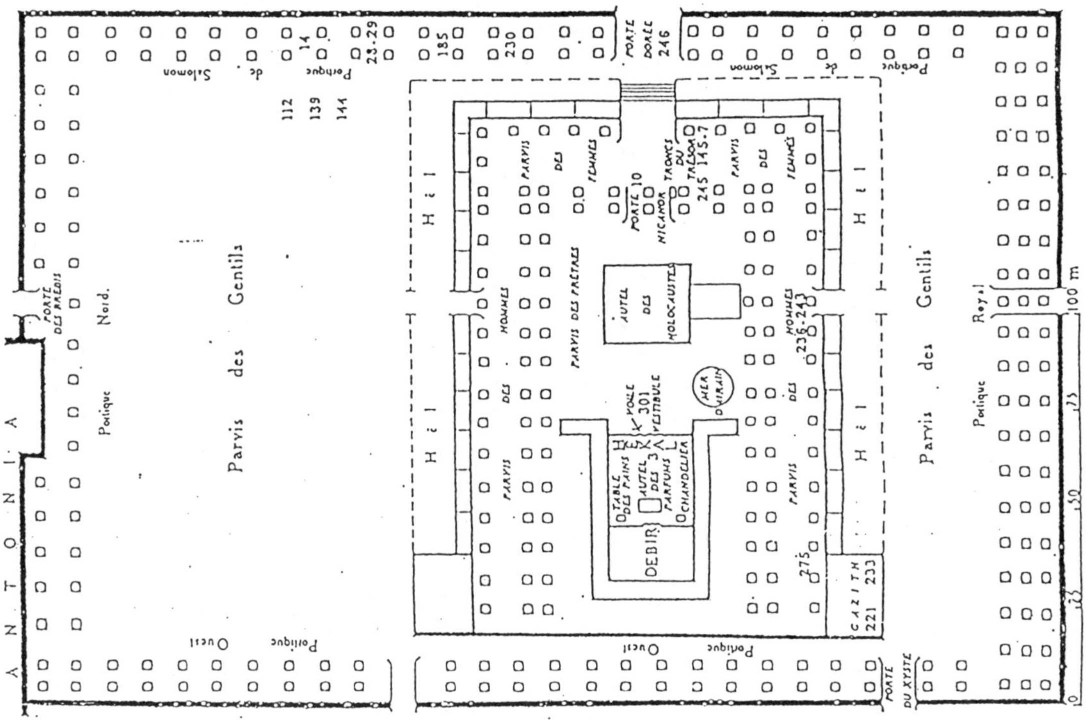

JÉSUS FAIT SCANDALE DANS LE TEMPLE.

Un jour, raconte Marc, « *Jésus entre dans le Temple* »[71]. Il passe sous les portiques qui entourent le parvis des païens : c'est un lieu où la foule se promène et se rassemble pour écouter l'enseignement de la Loi. C'est aussi le lieu où l'on achète les animaux pour les offrandes et où l'on change de l'argent : en effet, on ne peut payer l'impôt du Temple que dans la monnaie juive (et non romaine). Qu'est-ce qui arrive à Jésus ? On ne l'a jamais vu comme cela ! Il chasse tous ceux qui vendaient et achetaient dans le Temple ; il renverse les tables des

71. Mc 11, 15.

changeurs et les sièges des marchands de colombes. « *Et il leur dit : Il est écrit "Ma maison sera appelée maison de prière ; mais vous vous en faites une caverne de bandits"* ».

Ce scandale ébranle toute l'organisation sociale ! Si on le laisse faire, tout ce à quoi on croit va s'écrouler... L'évangile de Matthieu ne s'y trompe pas : « *Des aveugles et des boiteux s'avancèrent vers lui dans le Temple et il les guérit* »[72]. Or, ce sont des impurs ! Des enfants se mettent à crier : « *Hosanna au Fils de David* » ! Jésus serait-il donc le Fils de David, le Messie, le lieutenant de Dieu venu rétablir le peuple dans son identité de peuple de Dieu ?

Sur le moment, le geste de Jésus est incompréhensible : **cet homme renverse les conditions de l'accès à Dieu.** Pourquoi le Temple avec ses prêtres, ses marchands et ses sacrifices n'est-il plus la maison de Dieu, une maison de prière ? Les aveugles, les boiteux, les enfants, par leur foi, leur louange et leur reconnaissance de Jésus, sont-ils ce nouveau « Temple », c'est-à-dire ce lieu de communication avec Dieu ? Comment les disciples peuvent-ils comprendre cela ? Quand ils racontent l'événement, des années plus tard, c'est bien différent. L'acte de Dieu ressuscitant Jésus a levé le doute sur cet homme. Ils comprennent enfin son geste et peuvent l'expliciter.

JÉSUS ALTERNATIVE AU TEMPLE.

Le programme de Jésus sape celui de la religion dominante. Aux enceintes qui séparent, Jésus oppose l'accueil des exclus. A l'ordre établi, il oppose les guérisons. Aux sacrifices, il oppose la foi et la prière. Telle est la volonté de Dieu. Les hommes la méconnaissent. Ce que Dieu veut, c'est la louange de tous, à commencer par les petits ; c'est qu'ils le reconnaissent dans son envoyé Jésus. Mais cela est intolérable pour les adversaires de Jésus. De suite après l'incident du Temple, « *les grands prêtres et les scribes l'apprirent et ils cherchaient comment ils le feraient périr* »[73].

72. Mt 21, 14.
73. Mc 11, 18.

Par le contexte littéraire de cette scène centrale, Matthieu souligne bien le drame qui se noue. Quelques versets avant, il situe Jésus sur la route de Jérusalem disant à ses disciples : « *Voici que nous montons à Jérusalem et le Fils de l'homme sera livré aux grands prêtres et aux scribes ; ils le condamneront à mort...* »[74].

Quelques versets après[75], il rapporte comment Jésus donne sens à cette affaire du Temple. Alors que les disciples admirent ces pierres et cette construction, il rétorque qu'il n'en restera rien. Encore un peu plus tard, pendant son procès, la question revient. Il se présente deux témoins pour affirmer : « *Cet homme a dit : moi je détruirai ce sanctuaire fait de main d'homme et en trois jours, j'en bâtirai un autre qui ne sera pas fait de main d'homme* »[76]. Les évangélistes les qualifient de faux témoins. En effet, Jésus n'a sans doute jamais dit qu'il détruirait le sanctuaire. Mais ils n'ont pas si mal compris... Jésus n'annonce-t-il pas que le système du Temple est périmé ? Ne se situe-t-il pas au-dessus de ce Temple comme il se situe au-dessus de la Loi ? C'est bien là le scandale, le blasphème. Blasphémer c'est parler contre Dieu. Jésus semble bien être contre lui, puisqu'il substitue sa personne et son message aux anciennes institutions par lesquelles il faut passer pour être le peuple de Dieu !...

Il y a pire. La formule des évangiles (« *en trois jours je le rebâtirai* ») fait clairement percevoir que désormais la véritable présence de Dieu n'est plus dans le Temple ; elle est en Jésus, en sa personne... Les évangélistes comprennent la mort de Jésus comme une destruction de ce Temple et la fin de son système ; ils interprètent sa résurrection trois jours après, comme le rétablissement du « Temple » véritable. **Désormais l'accès à Dieu se fait par la personne du Christ Ressuscité.** Pour les premiers chrétiens, pétris de culture biblique, le message de Jésus les appelle à purifier leur foi : les institutions religieuses ont souvent détourné de ce Dieu auquel ils croient. C'est ce que les prophètes ont déjà dénoncé dans l'histoire. Mais pour les adversaires, tenants de ces systèmes, il faut faire périr cet homme.

74. Mt 20, 17-19.
75. Voir Mt 24, 1-3.
76. Mc 14, 58.

LES « SACRIFICES » OU LA FOI...

Comme pour la Loi, Jésus dérange les réflexes religieux des hommes. Les religions sont souvent comprises comme les moyens de se mettre en règle avec Dieu par un certain nombre de pratiques, de rites, de « sacrifices ». Cela subsiste aujourd'hui. Pour l'homme « religieux », il s'agit de faire plaisir à Dieu, de faire du troc avec lui : faire un don, vivre telle pratique, réaliser telle bonne action...

Pourtant déjà, les prophètes de l' Ancien Testament[77] ont critiqué sévèrement le système des sacrifices, quand ils n'étaient pas accompagnés d'une vie sociale fondée sur la justice et l'amour : ***« c'est la miséricorde que je veux, dit Dieu, et non les sacrifices »***[78]... Dieu accueille les rites mais il n'a que faire de ceux qui donneraient la conscience tranquille. Avec lui, on n'a pas à se mettre en règle. Il s'agit de l'aimer comme lui nous aime et d'aimer nos frères : *« Tu aimeras le Seigneur ton Dieu et ton prochain comme toi-même »*[79]. Voilà le message que Jésus nous adresse encore aujourd'hui. Avec Jésus il n'est plus besoin de Temple ni de sacrifices.

Alors, comment entrer en relation avec Dieu ?

Les disciples en font l'expérience : c'est en suivant Jésus qu'on *« adore en esprit et en vérité »* ; c'est en le suivant qu'on découvre Dieu : *« La vie éternelle c'est qu'ils te connaissent Toi le seul vrai Dieu et celui que tu as envoyé Jésus-Christ »*[80]. Cette connaissance a pour exigence le double commandement de l'amour : l'amour de Dieu et l'amour des frères sont comme les deux faces d'une même réalité. On ne peut vivre en relation avec Dieu sans aimer ses frères et pour bien aimer ses frères, il faut recevoir l'amour de Dieu. Jésus est la réalisation parfaite de ce double amour. Il en est pour nous le chemin : *« Je suis le Chemin, la Vérité, la Vie »*[81].

---

77. Les prophètes de l'Ancien Testament sont des hommes inspirés et envoyés par Dieu pour faire entendre sa Parole dans les événements du temps. Ils appellent sans cesse le peuple à être fidèle à Dieu et à son Alliance.
78. Isaïe 1, 10-20.
79. Mc 12, 29.
80. Jn 17, 3.
81. Jn 14,6.

UN HOMME LIBRE...

Décidément, Jésus est bien un original inclassable dans les catégories habituelles. Il est Juif, il respecte la Loi ; mais il bouleverse tout à la fois les comportements sociaux et les conceptions religieuses de ses contemporains. En même temps, ses paroles et ses actes sont remarquablement cohérents : qu'il s'agisse de sa famille, de sa tradition, des autorités, qu'il s'agisse du système de la Loi ou du système du Temple, il se révèle remarquablement libre.

D'où tient-il sa liberté ? Là est la question, car il va très loin dans sa façon de se démarquer. Matthieu rassemble une série de paroles de Jésus qui comportent toutes la même formule : « *On vous a dit... Moi je vous dis* »[82]. Quelle audace ! Derrière le « *on vous a dit* », il y a toute l'autorité de la Loi qui est celle même de Dieu. En se mettant en face de la parole traditionnelle, **Jésus place sa parole à l'égal de celle de Dieu.** Il parle donc au nom de Dieu lui-même. Pour un Juif c'est absolument intolérable : Dieu est tellement grand qu'on ne prononce jamais son Nom. Or, Jésus semble montrer qu'il tient sa liberté de Dieu lui-même. Serait-il d'origine divine[83] ? Il propose une tout autre parole, un tout autre appel, un tout autre chemin. Il se dit être le chemin vers Dieu.

Avant, Dieu parlait par la Loi. Désormais, il parle par Jésus.

Dieu sauvait par l'observance scrupuleuse de la « Torah », par les sacrifices au Temple, par les règles de pureté... Dieu sauve désormais par Jésus qui mange avec les pécheurs ; par Jésus qui pardonne ; par Jésus qui instaure un nouveau rapport à Dieu, ouvert aux exclus, aux petits, aux pécheurs, aux païens...

Dieu demandait des sacrifices. Jésus demande de vivre selon la volonté du Père, au bénéfice de tous les hommes. Alors que le Temple triait par des barrières successives, sa Parole ouvre l'invitation du festin à tous, moyennant la foi et la conversion[84].

82. Mt 5, 17-48.
83. Le baptême de Jésus nous a déjà conduit à cette question.
84. Voir Mt 22, 1-14.

Dieu difficilement accessible se fait tout proche à travers Jésus qui, lui, est accessible à tous. Le code d'accès n'est plus la circoncision, la Loi ou les sacrifices mais l'accueil ou le refus de son Fils[85]. Plus encore, par lui, Dieu s'identifie au pauvre, au petit, à un point tel qu'au jour du jugement, Jésus dans sa gloire dira : « *J'avais faim et vous m'avez donné à manger* ». Cela suscite l'étonnement et on lui demande : « *Mais enfin Seigneur, quand t'avons-nous vu avoir faim ?* ». Il répond : « *Chaque fois que vous l'avez fait au plus petit de mes frères, c'est à moi que vous l'avez fait* »[86].

C'est pourquoi les chefs du peuple sont inquiets : cet homme sape les fondements de la société. Les *Pharisiens* sont inquiets : il détruit les fondements de la vie morale et religieuse. Les disciples eux-mêmes ne saisissent que très progressivement. Un jour, Jésus fait pressentir que cela va mal finir : il n'est pas besoin d'être devin pour voir monter les oppositions... Il essaie de le leur dire... Mais ils ne peuvent comprendre : ils rêvent sans doute d'un Messie-Roi qui va instaurer un monde nouveau, tel qu'à leurs yeux, Dieu le veut.

Ne sommes-nous pas proches d'eux ? Nous pensons peut-être : ce que dit cet homme ne peut être vrai, c'est trop radical ! Tout ce qui n'entre pas dans nos logiques humaines suscite souvent en nous des réactions de rejet. Il n'est pas si étonnant que son message puisse connaître l'échec.

Pourtant, ce personnage inclassable nous interroge ; non seulement il s'oppose à tous les systèmes installés, mais il parle de choses neuves : « Bonne Nouvelle », « Royaume de Dieu » ; il parle même de Dieu comme de son « Père »... Que veut-il dire par là ?

En quoi peut-il être une Bonne Nouvelle pour nos vies ? Que signifie entrer dans le Royaume de Dieu ? Sur quels chemins cela peut-il nous embarquer à la suite de ses disciples ?

---

85. Voir Mt 21, 33-46.
86. Mt 25, 31-46.

Chapitre 4

JÉSUS PORTEUR D'UNE BONNE NOUVELLE !

Jésus : quel personnage ! Il est bien de son temps et pourtant il est inassimilable pour les groupes sociaux ou religieux. Juif, attaché au Dieu d'Israël, son peuple, il est un fidèle de l'Alliance et il prie au Temple. Et pourtant, il est libre par rapport à la Loi qu'il relativise, et libre par rapport au Temple dont il annonce le remplacement. Mais alors que propose-t-il de mieux que la Loi, de mieux que le Temple, de mieux que ce qu'il y a de plus saint, de plus respectable, de plus sacré ? Que propose-t-il qui puisse rivaliser avec les institutions de l'Alliance ? Au nom de quoi, de qui ?

Qui est-il donc ? « *Il enseignait dans les synagogues, proclamait la Bonne Nouvelle du Règne et guérissait toute maladie et toute infirmité parmi le peuple* » [1]. Il enseigne et il guérit ; il dit et il fait. Nous n'aimons pas bien les gens qui parlent mais ne font pas. Chez Jésus, actes et paroles sont indissociables.

IL PARLE D'UN MYSTÉRIEUX « ROYAUME » DE DIEU... POUR QUOI ?

« *Après que Jean (Baptiste) eut été livré, Jésus vint en Galilée. Il proclamait l'Evangile (= Bonne Nouvelle) de Dieu et disait : "Le temps est accompli et le* ***Règne de Dieu*** *s'est approché : convertissez-vous et croyez à l'Evangile"* » [2]. A chaque pas, nous butons sur cette expression mystérieuse : le « Règne de Dieu » ou le « Royaume de Dieu ». Qu'est-ce que cela signifie ?

LE MESSAGER VIENT DIRE : DIEU RÈGNE.

C'est une vieille histoire, une espérance de toujours : le peuple avec qui Dieu a fait alliance a connu bien des déboires mais il est sûr que son Dieu ne l'abandonnera pas. Celui qui l'a libéré d'Egypte le libérera encore. Ainsi, après l'épreuve de l'exil vécue par le peuple, le prophète Isaïe annonçait : « *Qu'ils sont beaux sur les montagnes les pieds du* ***porteur de bonnes nouvelles,*** *qui annonce la paix, qui apporte le bonheur, qui annonce le salut, qui dit à Sion :* ***Ton Dieu règne*** »[3]. Dieu tiendra sa promesse de donner une terre, la prospérité, le salut, la paix, le bonheur... Dieu règnera, il

1. Mt 4, 23 ; 9, 35.
2. Mc 1, 14-15. Voir aussi Mt 3, 2 ; 4, 17.
3. Is 52, 7.

donnera un Messie-Roi à son peuple, afin qu'il soit définitivement le peuple de Dieu. Les prophètes sont porteurs de cette Bonne Nouvelle et « éveilleurs » du peuple, pour qu'il l'accueille et n'y fasse pas obstacle. Ceci exige une conversion.

C'était l'espérance de l'époque. Mais nous, nous n'attendons pas un roi !

Nos contemporains n'attendent pas un roi mais, dans leur besoin d'espérance, ne reprochent-ils pas à Dieu de ne pas résoudre leurs problèmes ? Ne lui reprochent-ils pas le mal, la maladie, la guerre ? Nous savons bien qu'il ne règle pas les questions à notre place ; pourtant, nous sommes en attente de quelqu'un qui puisse nous donner une espérance. Jésus est-il celui-là ?

En son temps, beaucoup de Juifs attendent un libérateur de l'occupant romain. Mais Jésus les déçoit vite. Un jour, alors qu'il guérit des malades et nourrit une grande foule, il est appelé « *le Prophète, celui qui doit venir dans le monde* ». Il comprend qu'il y a malentendu sur sa mission, et « *sachant qu'on allait venir l'enlever pour le faire roi, il se retira à nouveau, seul, dans la montagne* »[4]. Au moment de son procès, Jésus ne récuse pas le titre de roi mais il dit : « ***Ma royauté n'est pas d'ici*** »[5]. Alors, qu'espérer de lui ? Rien pour la vie d'aujourd'hui ?

Un jour, « *les Pharisiens lui demandèrent : "Quand donc vient le Règne de Dieu ?" Il leur répondit : "Le Règne de Dieu ne vient pas comme un fait observable. On ne dira pas "Le voici" ou "Le voilà". En effet* ***le Règne de Dieu est parmi vous*** ». Et il ajoute : « *On vous dira "le voilà, le voici". Ne partez pas. Ne vous précipitez pas. En effet comme l'éclair en jaillissant brille d'un bout à l'autre de l'horizon, ainsi sera le Fils de l'homme lors de son jour. Mais auparavant il faut qu'il souffre beaucoup et qu'il soit rejeté par cette génération* »[6]. Jésus semble dire des choses contradictoires : d'une part, le Règne est parmi vous ; d'autre part, il viendra un jour comme l'éclair... Il ne faut donc pas se précipiter ici ou là.

4. Jn 6, 14-15.
5. Jn 18, 33-37.
6. Lc 17, 20-25.

A la lumière de la résurrection, il sera possible de comprendre : le Règne est « à venir », il viendra le jour où Jésus ressuscité rassemblera toutes choses...[7] Alors oui, Dieu règnera, ce sera un monde autre, plus juste, plus fraternel... Et cependant le Règne est déjà parmi nous... Comment ? Par la présence de Jésus, par ses actes et ses paroles. Ce sont des signes qui dévoilent et annoncent le Règne « à venir ».

ROYAUME A VENIR ET DÉJÀ COMMENCÉ...

Les disciples comme tout homme sont soucieux de leur avenir... Jésus leur dit « *Ne vous inquiétez pas en disant : "Qu'allons-nous manger ? Qu'allons-nous boire ? De quoi allons-nous nous vêtir ?" Tout cela, les païens le cherchent sans répit... Cherchez d'abord le Royaume et la justice de Dieu, et tout cela vous sera donné par surcroît* » [8]. Il leur apprend à le demander à Dieu : « *Notre Père... Que ton Règne vienne...* »[9]. Ce Royaume « à venir » mérite même qu'on lui sacrifie tout : « *Si ta main entraîne ta chute, coupe-la ; il vaut mieux que tu entres manchot dans la vie, que d'aller avec tes deux mains dans la géhenne*[10]*, dans le feu qui ne s'éteint pas... Et si ton oeil entraîne ta chute, arrache-le ; il vaut mieux que tu entres borgne dans le Royaume de Dieu que d'être jeté avec tes deux yeux dans la géhenne...* » [11].

Ce Royaume n'est pas seulement à venir. Certes, Jésus en parle comme d'un monde nouveau, un monde avec Dieu et en Dieu, enfin réconcilié (Voir encadré). Pourtant, il dit sans cesse : « *Le Royaume de Dieu s'est approché* »[12]. Quand Jean Baptiste envoie ses disciples interroger Jésus pour lui demander : « *Es-tu celui qui doit venir ou devons-nous en attendre un autre ?* », celui-ci leur répond : « *Allez rapporter à Jean ce que vous avez vu et entendu : les aveugles retrouvent la vue, les boiteux*

7. Voir 1 Co 15, 20-28.
8. Mt 6, 31-33.
9. Lc 11,2.
10. La géhenne est une vallée maudite qui sert à désigner ce que nous appelons l'enfer, un lieu de châtiment.
11. Mc 9, 42-48.
12. Mt 3, 2 ; 4, 17 ; 10, 7...

marchent droit, les lépreux sont purifiés et les sourds entendent, les morts ressuscitent, la Bonne Nouvelle est annoncée aux pauvres, et heureux celui qui ne tombera pas à cause de moi »[13]. Jésus parle au présent. Par lui, les aveugles voient aujourd'hui, les boiteux marchent aujourd'hui... Le Royaume dont parle Jésus n'est donc pas une compensation donnée dans l'au-delà.

Les nouveaux cieux et la nouvelle terre (Apoc. 21)

« 21 1 Alors je vis un ciel nouveau et une terre nouvelle, car le premier ciel et la première terre ont disparu et la mer n'est plus.

2 Et la cité sainte, la Jérusalem nouvelle,
je la vis qui descendait du ciel, d'auprès de Dieu,
prête comme une épouse qui s'est parée pour son époux.
3 Et j'entendis, venant du trône, une voix forte qui disait :
Voici la demeure de Dieu avec les hommes.
Il demeurera avec eux.
Ils seront ses peuples et lui sera le Dieu qui est avec eux.
4 Il essuiera toute larme de leurs yeux.
La mort ne sera plus.
Il n'y aura plus ni deuil, ni cri, ni souffrance,
car le monde ancien a disparu.
5 Et celui qui siège sur le trône dit :
Voici, je fais toutes choses nouvelles.
Puis il dit : Écris : ces paroles sont certaines et véridiques.
6 Et il me dit : C'en est fait.
Je suis l'Alpha et l'Oméga,
le commencement et la fin.
A celui qui a soif,
je donnerai de la source d'eau vive,
gratuitement.
7 Le vainqueur recevra cet héritage,
et je serai son Dieu et lui sera mon fils.

8 Quant aux lâches, aux infidèles, aux dépravés, aux meurtriers, aux impudiques, aux magiciens, aux idolâtres et à tous les menteurs, leur part se trouve dans l'étang embrasé de feu et de soufre : c'est la seconde mort ».

13. Lc 7, 18-23.

Jésus apparait comme un libérateur dans la vie concrète de ses contemporains[14]. Il est bien celui qui réalise déjà au présent l'espérance exprimée par les anciens prophètes. A la synagogue de Nazareth, il s'applique à lui-même les paroles du prophète : « *On lui donna le livre du prophète Isaïe, et en le déroulant, il trouva le passage où il est écrit : "L'Esprit du Seigneur est sur moi parce qu'il m'a confié l'onction pour annoncer la Bonne Nouvelle aux pauvres. Il m'a envoyé proclamer aux captifs la libération et aux aveugles le retour à la vue, renvoyer les opprimés en liberté, proclamer une année d'accueil par le Seigneur"*[15]*. Jésus roula le livre, le rendit au servant et s'assit ; tous dans la synagogue avaient les yeux fixés sur lui. Alors il commença à leur dire :* ***aujourd'hui*** *cette écriture est accomplie pour vous qui l'entendez* » [16].

Jésus se présente comme le prophète venu annoncer le commencement de ce Règne de Dieu. Mieux, il l'inaugure, il le met en oeuvre par ses actes et ses paroles. Ce qu'il dit et ce qu'il fait le manifestent visiblement. Voilà pourquoi il dit : « *Le Royaume de Dieu est parmi vous* ».

Jésus inaugurerait donc un monde nouveau ? Mais quel monde ?

LE ROYAUME « C'EST COMME »...

Il n'est pas possible de décrire ce que sera ce monde. Pour en parler, Jésus a recours à des paraboles, des récits imagés, des comparaisons. Il ne dit pas ce qu'est le Royaume. Il dit « Le Royaume c'est **comme** »...

Ainsi, « *Le Royaume c'est* ***comme*** *un roi qui fit un festin de noces pour son fils* » (voir encadré). Les évangiles nous parlent souvent des repas que Jésus prend avec les pécheurs. Ils sont signes que Dieu veut inviter tous les hommes à sa table. Le Royaume, c'est le rassemblement de tous dans la joie, dans la paix, dans le même esprit de famille, symbolisé par ce repas de noces. Dans

14. Voir Cahier Evangile n° 24 p. 13-18.
15. Is 58, 6.
16. Lc 4, 16-21.

la parabole, ceux qui étaient les premiers invités (comprenons : les juifs héritiers des promesses) trouvent un tas d'excuses pour ne pas répondre à l'invitation. Alors, le maître envoie ses serviteurs appeler tous ceux qui traînent au bord des routes et à la croisée des chemins. Eux aussi sont convoqués ; l'invitation de Dieu ne tient ni à la race ni au rang social ; il leur est seulement demandé de revêtir la robe nuptiale, c'est-à-dire de se convertir. Si les évangélistes rapportent cette parabole, c'est pour inciter les chrétiens à ne pas se dérober comme les premiers invités et à changer de vie.

Grille d'analyse de la parabole des invités au festin (Mt 22, 1-14).

1. Relever **les personnages :**

Un roi (envoie) **des serviteurs** (appeler) **des invités...**

Quels rapports y a-t-il entre eux ?

Qui désignent-ils (le roi, les serviteurs, les premiers invités, les seconds invités...) ?

2. Relever **les verbes** qui expriment des déplacements ou des demandes de déplacement (ex : Allez, venez... etc).

Qu'est-ce que cela nous indique ?

3. Que se passe-t-il ? Quelles **transformations** s'opèrent entre le début et la fin du texte :

Quel était le **premier projet** ? Qu'advient-il de ce premier projet ?

Quel **second projet** remplace le premier ?

Quelles différences entre les deux projets ? Qui sera finalement invité au festin ?

4. Qu'est-ce que cela nous fait découvrir sur le Royaume de Dieu tel qu'on le concevait au départ ?

Sur **la nouveauté du Royaume de Dieu** tel que le présente Jésus ?

5. **Comment entre-t-on dans le Royaume de Dieu** ?

Y a-t-il des conditions préalables ?

Y a-t-il cependant une condition ? Que signifie la robe nuptiale ?

.../...

A quel acte de foi et à quelles attitudes nous invite Jésus par cette parabole ?

6. Pour mieux saisir ce que sont les évangiles, on peut **comparer avec le récit de Luc** (14, 15-24).

Quelles sont les différences principales ? En pensant à ce que nous avons dit au chapitre 2 sur Matthieu et Luc, pourquoi Luc ne parle-t-il pas de la même manière que Matthieu ? Par exemple, pourquoi parle-t-il d'un homme au lieu d'un roi ?

Ce Royaume n'est-il pas idyllique ?

Certes le Royaume est une visée, un projet. Mais toute la vie de Jésus est au service de ce but : un but difficile, un projet qui rencontre bien des obstacles. C'est ainsi qu'un jour, Jésus pleure en regardant la ville de Jérusalem : « *Jérusalem, Jérusalem, toi qui tues les prophètes et lapides ceux qui te sont envoyés, combien de fois j'ai voulu rassembler tes enfants comme une poule rassemble ses poussins sous ses ailes, et vous n'avez pas voulu !* » [17]. Si Jésus ne cesse d'appeler des disciples, c'est bien dans cette perspective de rassembler le peuple de Dieu qui, cette fois, ne se limitera pas au peuple juif, mais qui accueillera tous ceux qui se croient exclus, comme au festin de la parabole.

Perspective lointaine ? Certes, car le Royaume qui est « **déjà là** » n'est « **pas encore là** »... Pourtant, dit Jésus, il est en germe, en croissance : « *Le Royaume des cieux est comparable à un grain de moutarde qu'un homme prend et sème dans son champ. C'est bien la plus petite de toutes les semences : mais quand elle a poussé, elle est la plus grande des plantes potagères ; elle devient un grand arbre, si bien que les oiseaux du ciel viennent faire leur nid dans ses branches* » [18]. Il faut lire toutes les paraboles de ce chapitre 13 de Matthieu. La semence ne porte pas les mêmes fruits selon la qualité du terrain qui la reçoit[19]. « *Il en va du Royaume des cieux **comme** d'un homme qui a semé du bon grain dans son champ* », mais le champ comporte aussi de l'ivraie (mauvaise herbe) ; le tri se fera plus tard[20]. Pourtant, le Royaume est **comme** un trésor ou une perle fine qui mérite qu'on

17. Mt 23, 37.
18. Mt 13, 31-32.
19. Voir Mt 13, 3-9 et 18-23.
20. Mt 13, 24-30 et 36-43.

sacrifie tout pour le posséder[21]. On en est encore loin, mais « *le Royaume est comparable à du levain qu'une femme prend et enfouit dans trois mesures de farine, si bien que toute la masse lève* »...[22]

Décidément, ce Royaume « à venir » nous dépasse totalement : mais nous pouvons tout miser dessus comme nous misons sur un trésor, si toutefois nous croyons qu'il est possible de le trouver. Pour cela, Jésus nous appelle à être un terrain fertile et il invite à des choix radicaux pour y accéder.

UN DON ET UNE TÂCHE...

Pour les disciples, ce ne doit pas être plus facile à comprendre que pour nous. Après la résurrection, il demandent à Jésus : « *Est-ce maintenant le temps où tu vas rétablir le Royaume ?* »[23].

Ils ont bien compris qu'il est l'artisan de l'établissement du Règne de Dieu. Ils savent que celui-ci ne se réalisera totalement que lorsque Jésus reviendra... Les voilà décontenancés par sa réponse ; au lieu d'établir le Royaume, il s'en va en leur disant : « *L'esprit Saint viendra sur vous. Vous serez mes témoins à Jérusalem, dans toute la Judée et la Samarie et jusqu'aux extrémités de la terre* ». C'est donc bien par l'accueil et par la prédication de Jésus, c'est donc bien en étant ses témoins, qu'on répond à la question du Royaume, c'est-à-dire à la question : que peut-on espérer ?

Les paraboles qui nous disent : « *Le Royaume c'est* ***comme...*** » insistent à la fois sur le fait qu'il est **un don** et sur le fait qu'il faut y **travailler**, y collaborer.

Ce n'est ni par ses mérites ni par son action qu'on construit ce monde nouveau. Il est un don de Dieu. La Syrophénicienne[24] et le centurion romain[25] (des païens), ceux qui errent au bord des routes et tous ces

21. Voir Mt 13, 44-46.
22. Mt 13, 33.
23. Ac 1, 6-11.
24. Voir Mc 7, 24-31. Cette femme, originaire de Syro-Phénycie c'est-à-dire d'un pays païen, est impure pour un juif.
25. Voir Mt 8, 5-13.

gens considérés comme loin de Dieu, sont eux aussi invités au festin. Pour une mentalité juive, c'est un scandale. Autre scandale pour nous comme pour les Juifs : les ouvriers qui ne travaillent qu'une heure à la vigne, ont le même bénéfice que ceux qui y travaillent tout le jour[26].

Alors, ce que nous pouvons faire n'a pas d'importance ?

Il y a pourtant bien quelque chose à faire. Le don de Dieu n'est pas un don octroyé ; il faut l'accepter, l'accueillir librement ; la Syrophénicienne et le centurion font quelque chose : un acte de foi ; les invités aussi manifestent leur adhésion : ils revêtent la robe nuptiale c'est-à-dire ils deviennent des hommes nouveaux. « *Il ne suffit pas de me dire Seigneur, Seigneur, pour entrer dans le Royaume des cieux ; il faut faire la volonté de mon Père qui est aux cieux* »[27].

D'autres paraboles insistent sur ce fait qu'**il faut être collaborateur** du don de Dieu, ainsi la parabole des talents : « *Il en va (du Royaume)* ***comme*** *d'un homme qui, partant en voyage, appela ses serviteurs et leur confia ses biens...* »[28]. Qu'on ait reçu cinq talents, deux ou un seul, l'important n'est pas là ; on a tous reçu quelque chose ; il s'agit de le faire fructifier... Celui qui a enfoui son unique talent en sera dépossédé. Au contraire, celui qui les a multipliés, recevra infiniment plus !

Bien qu'il n'ait travaillé qu'une heure, l'ouvrier de la onzième heure recevra son salaire. Aller travailler à la vigne même très tardivement est important, mais n'oublions pas : accueillir l'appel du maître qui ne cesse d'inviter est bien plus important encore.

S'Y DONNER ET S'Y ABANDONNER...

N'y a-t-il pas là une Bonne Nouvelle ? N'y a-t-il pas là une aventure qui nous est proposée, une perspective ouverte à nos vies ? Pour nous comme pour les disciples

26. Voir Mt 20, 1-16.
27. Mt 7, 21.
28. Mt 25, 14-30.

qui écoutaient ces paraboles, une question radicale est posée : veux-tu venir travailler à ma vigne, veux-tu répondre à mon invitation, veux-tu accueillir ce don et le faire fructifier ? La réponse est libre !

Parce que le Royaume est une tâche, la question nous est posée de **nous y donner**, de nous y engager, de nous mettre au travail sur ce chemin, d'aller à sa rencontre, si nous le voulons bien.

Parce que le Royaume est un don, la question nous est posée de **nous y abandonner**, de l'accueillir comme un cadeau, de nous désencombrer de nos broussailles pour recevoir la semence.

Vaut-il la peine de s'y donner et de s'y abandonner ? Le résultat est seulement promis ; il n'est pas l'objet d'un contrat, il est à expérimenter. Les paroles et les actes de Jésus nous en donnent un avant-goût. Parmi ces actes qui font signe sur nos chemins, certains sont plus spectaculaires. Ce sont les miracles. Quel est leur sens ?

IL FAIT DES MIRACLES... POUR QUOI ?

DES PAGES ENTIÈRES DE MIRACLES.

Pour annoncer le Royaume, Jésus ne se contente pas d'être un prédicateur, le prophète d'une Bonne Nouvelle, capable de changer la vie. Comme s'il voulait donner force à ses paroles, il se met à agir de façon tout à fait surprenante.

Il guérit des gens de toutes sortes, des inguérissables, marqués par la maladie depuis la naissance pour certains : des aveugles[29], des muets[30], des lépreux[31], des paralytiques[32], une femme incurable souffrant d'hémorragies[33]. La Bonne Nouvelle ne doit-elle pas attein-

29. Voir Jn 9, 1-41 ; Mt 20, 29-34 ; Mc 8, 22-26...
30. Voir Mt 12,22.
31. Voir Mc 1, 40-45 ; Lc 17, 11-19.
32. Voir Mc 2, 1-12 ; 3, 1-6.
33. Voir Mc 5, 21-43.

dre ce qui est vital pour ces hommes et femmes qu'il aime, et d'abord leur corps ? Les appelant à vivre mieux et à réintégrer une vie sociale normale, Jésus veut les « remettre debout ». Les quatre évangélistes rapportent ainsi dix huit guérisons.

Il va même plus loin. **Il libère** ces corps d'un mal très profond, d'une sorte de folie qu'à l'époque on appelle possession du démon. Il « soumet » celui-ci et, lui, il lui obéit[34]. On nous raconte cela en onze lieux différents dans les évangiles.

La mort elle aussi est pour Jésus, comme pour nous, une grande souffrance : elle le bouleverse, à tel point qu'il pleure devant le corps inanimé de son ami Lazare[35]. **Il le rappelle à la vie** et il ranime la fille d'un chef de la synagogue[36]. On nous raconte ainsi trois résurrections.

Tout ce qui fait la vie des hommes intéresse Jésus, même leur façon de faire la fête. A Cana, un jour de mariage, il change de l'eau en vin[37]. Au désert, face à une foule nombreuse venue écouter son annonce du Règne de Dieu, il est ému et s'inquiéte du repas. On nous rapporte qu'à deux reprises, il multiplie quelques petits pains et poissons pour nourrir tout ce monde[38].

Il fait encore bien d'autres choses étonnantes. Voilà qu'**il domine** la mer déchaînée[39] et qu'il marche sur les eaux[40]. Ses disciples se trouvent « *saisis d'une grande crainte* »[41]. En effet, dans ce monde juif, la mer est perçue comme le lieu des forces du mal. Or Jésus, lui, est capable de les dominer.

Qui est cet homme ? Au nom de qui s'intéresse-t-il ainsi à tout ce qui fait la vie de chacun ? De qui tient-il son autorité ? Cette question semble courir sans cesse dans la tête de ses amis, comme dans celle de ceux qu'il

34. Voir Mc 1, 32 ; 5, 1-20 ; Lc 9, 37-43...
35. Voir Jn 11, 1-44.
36. Voir Mc 5, 21-43.
37. Voir Jn 2, 1-11.
38. Voir Mc 6, 31-44 ; Mt 15, 32-38.
39. Voir Mt 8, 23-27.
40. Voir Mt 14, 22-33.
41. Mt 14, 22-33.

agace au plus haut point. « *Jamais rien de tel ne s'est vu en Israël* »[42].

Ces miracles nous semblent pour la plupart invraisemblables. Faut-il vraiment y croire ?

C'est vrai, les miracles nous surprennent. Pourtant aujourd'hui, des miracles d'origines diverses font la « une » de nos journaux, et déplacent des foules. Ils ne nous font pas croyants pour autant ; ils nous laissent interrogatifs ou nous hérissent. Nous avons raison de refuser l'utilisation du nom de Dieu à d'autres fins et nous craignons la magie. Par contre, certains miracles aujourd'hui, même spectaculaires, semblent bien être le fruit de la foi.

Mais notre esprit scientiste désire sans arrêt pouvoir vérifier l'authenticité des faits. Pour ce qui concerne l'action de Jésus, nous resterons toujours sur notre faim : l'événement s'est-il passé comme il est raconté ? Nous n'en saurons rien par la lecture des textes.

D'autre part, nous percevons bien que ce qui a pu paraître extraordinaire il y a deux mille ans ne le serait peut-être plus aujourd'hui. Dans certains cas, nos chercheurs seraient peut-être à même de donner une explication.

Alors, que faire de ces récits ? Les laisser de côté ? Dans ce cas, manquerait-il quelque chose à notre foi ?

Si les premiers témoins ont gardé le souvenir de ces événements, s'ils ont tenu ensuite à en laisser trace écrite pour leur communauté, c'est bien d'abord pour attester le rôle guérisseur de Jésus (rôle aujourd'hui incontesté par les historiens). C'est aussi parce qu'ils avaient compris que les miracles faisaient corps avec la proclamation de la Bonne Nouvelle. Racontés avec les mots et images de leur époque (parfois surprenants pour nous), ils nous révèlent quelque chose d'unique de cet homme Jésus et quelque chose de central dans son annonce du Royaume de Dieu. C'est pourquoi, après la résurrection, la foi chrétienne s'est appuyée sur ces miracles pour déclarer Jésus « sauveur ». Notre acte de foi ne peut donc s'en passer.

42. Mt 9, 33.

Il n'est pas inutile de savoir qu'en Jean, le mot miracle traduit le mot grec « semeion » et que celui-ci signifie « **signe** ». La question de l'Évangile est bien celle-ci : de quoi les miracles de Jésus sont-ils signes ?

Il faut donc être croyants pour comprendre ces récits de miracles ?

Pour l'incroyant, les miracles de Jésus, comme ceux de Lourdes, aujourd'hui ne sont jamais une « preuve » de Dieu. Ils peuvent éventuellement hérisser ou ouvrir au questionnement. De même, si j'offre une fleur à un inconnu de la rue, celle-ci est pour lui une surprise, une question. Rien de plus. Elle peut provoquer suspicion, moquerie, ou saine interrogation.

Mais si j'offre cette même fleur à quelqu'un que j'aime, je lui donne symboliquement mon amitié, mon merci ou ma joie. La fleur n'est plus seulement un bel ensemble de pétales et de couleurs à examiner de près. Elle devient un langage compréhensible par un ensemble d'autres signes d'amitié déjà donnés. De même, le miracle n'est pas un événement qu'on peut analyser dans tous ses détails et isoler des autres. Il ne peut être compris que pour le croyant qui l'accueille comme signe, et s'interroge sur son sens réel. A lui seul, le miracle n'est qu'une question ou un objet d'agacement ; mais lié aux paroles de Jésus et compris dans le langage de l'époque, il devient significatif. De quoi ? C'est cela qui nous importe.

Auparavant, il nous faut resituer l'action de guérisseur de Jésus dans son époque.

DES MIRACLES NON CHRÉTIENS.

Au premier siècle, on croit très fort que **tout événement est lié à une action surnaturelle.**

Pour les païens, ce sont les différents dieux qui interviennent dans la vie des hommes ; ils sont maîtres de l'amour et de la guerre, de la pluie et du soleil... Pour les Juifs, Dieu ou les démons sont causes immédiates de ce qui arrive dans leur histoire. Dieu est celui qui intervient de façon continue et parfois de façon extraordinaire, afin de bien manifester qu'il est là. Ainsi, c'est lui qui a libéré son peuple en lui faisant passer la mer Rouge et en le nourrissant de la manne dans le désert.

Tout est signe de Dieu dans la vie sociale et individuelle. La maladie quant à elle est signe du démon ou encore fruit du péché. La question des disciples rapportée dans l'évangile de Jean à propos d'un aveugle de naissance atteste bien ce rapport maladie-péché : « *Qui a péché, lui ou ses parents ?* »[43]. Parce que le malade est un pécheur marginalisé dans la société, c'est le médecin et le scribe qui, ensemble, interviennent auprès de lui. Ainsi au premier siècle, la médecine et la religion ne sont jamais des domaines séparés, comme ils le sont pour nous aujourd'hui.

Dans le monde païen, on croit très fort aux dieux guérisseurs. En Grèce par exemple, dans un sanctuaire datant du 4ème siècle avant Jésus-Christ, on a retrouvé les traces de quatre-vingts récits de guérison. Les malades, des gens cultivés en général et non des marginaux sociaux, viennent passer la nuit au sanctuaire. Après avoir offert un sacrifice au dieu, celui-ci leur « apparaît » dans leur sommeil et les guérit. Mais la guérison n'est possible que si le malade a manifesté sa foi. Cette croyance au miracle est très répandue dans la société.

Dans le monde juif de Palestine, les miracles ne sont pas des événements extraordinaires (voir encadré). Ils sont toujours accueillis comme signes des faveurs de Dieu pour son peuple. On ne dit pas qu'ils sont contraires aux lois de la nature car on croit que Dieu les a programmés lors de la création du monde.

43. Jn 9, 2.

Un miracle juif.

« Il arriva qu'une fois le fils de Rabban Gamaliel tomba malade. Celui-ci envoya deux élèves, des sages, chez R. Hanina Ben Dosa. Dès que Hanina les vit, il monta à la chambre haute et implora pour lui-même la Miséricorde. A sa descente, il leur dit : *"Allez, la fièvre l'a quitté"*. Ils lui demandèrent : *"Es-tu prophète ?"* Il répondit : *"Je ne suis pas prophète et je ne suis pas fils de prophète ; mais je sais d'expérience que si ma prière coule dans ma bouche, le malade est favorisé ; si c'est le contraire, il est rejeté"*. Ils s'assirent pour écrire et notèrent l'heure précise. Quand ils revinrent chez Rabban Gamaliel, il leur dit : *"Par le culte ! Vous n'avez ni retranché ni ajouté, mais le fait s'est bien passé ainsi : à l'heure même (que vous avez notée) la fièvre l'a quitté et il nous a demandé à boire"*. » **Talmud de Babylone, Berakoth, 34 B** cité dans P.M. Beaude, Jésus de Nazareth, Desclée, 1983, p. 144.

Jésus agit donc comme un guérisseur de son temps ?

Certains scribes ont un pouvoir particulier pour opérer des miracles. Ils expulsent des démons et guérissent des malades. Le geste connu de Jésus, mélangeant de la boue et de la salive pour redonner la vue ou l'ouïe, est pratique courante à cette époque. Mais, pour être reconnus dans leur activité de guérisseurs, ces hommes doivent agir au nom de Dieu, jamais de leur propre autorité ou pour leur gloire personnelle. Le guérisseur juif est toujours un serviteur de Dieu et en cela, il se doit d'accompagner son action d'un message de foi au Dieu d'Israël. Sinon, il est perçu comme serviteur du démon ou magicien et doit être lapidé.

◀

Si Jésus n'avait pas fait de miracles, il n'aurait sans doute pas été crédible auprès des foules, habituées à accueillir des signes extraordinaires venant de Dieu. Seuls ses actes pouvaient donner force à ses paroles et asseoir son autorité. Cependant Jésus se distingue d'un guérisseur juif, il hérisse les scribes. Cet homme, disent-ils, n'est pas serviteur de Dieu. Il pourrait bien agir par le chef des démons[44].

UN GUÉRISSEUR PAS COMME LES AUTRES?

Contrairement aux guérisseurs juifs, il ne fait appel à aucune puissance divine extérieure à lui. C'est en son nom propre qu'il guérit et chasse les démons.

« *Je le veux, sois purifié* » dit-il au lépreux[45].

« *Je te dis : Lève-toi et marche* » dit-il au paralytique[46].

« *Esprit sourd et muet, je te l'ordonne, sors de cet enfant* » dit-il au démon[47].

« *C'est moi* » dit-il à ses disciples lors de sa marche sur les eaux[48]. La foi qu'il réclame vise sa personne[49].

Jésus scandalise. Contrairement aux « rabbis » de l'époque, **il compromet sa propre personne.** Se prendrait-il pour Dieu et pour quel Dieu ? Il devrait être lapidé.

Par contre, il refuse toute utilisation du miracle pour sa propre gloire ou à son profit. Pourquoi n'utilise-t-il jamais Dieu en sa faveur ? Pourquoi refuse-t-il de transformer des pierres en pain quand il a faim au désert[50] ? Pourquoi reste-t-il cloué sur la croix ? Voilà qui surprend.

Qui est cet homme ? Plus qu'un simple exorciste ou un simple guérisseur ! En fait, les évangiles nous le montrent bien : ce n'est plus trop ce qu'il fait qui interroge mais ce qu'il est. C'est le mystère même de sa personne qui émerveille ou scandalise. Jésus voudrait-il signifier aux hommes qu'il guérit et à ceux qui l'observent, que **c'est sa personne elle-même qui manifeste le Règne de Dieu déjà là** ? C'est sa venue parmi les hommes qui est Bonne Nouvelle, qui est « miracle ».

---

44. Voir Mc 3, 21-30.
45. Mt 8,3.
46. Mc 2, 11.
47. Mc 9, 25.
48. Mc 6, 50.
49. Voir Jn 14, 1 ; Jn 9, 35-38 ; Mt 8, 10-13.
50. Voir Mt 4, 1-11.

Parce qu'il se réclame de Dieu et non de la tradition, **Jésus n'hésite pas à enfreindre des règles pourtant bien connues.** Il guérit le jour du sabbat ; il semble même le faire très souvent ce jour-là[51]. Certains scribes pharisiens admettent fort bien qu'on puisse sauver une vie au détriment du repos sabbatique. Mais pourquoi narguer à ce point le commandement divin quand il n'y a pas urgence ? Si les actes de cet homme sont de Dieu, comment est-il possible d'opposer de la sorte Dieu lui-même à sa Loi ? Jésus connaît bien le sens du sabbat. Ce jour de repos hebdomadaire commémore l'achèvement de la création[52]. Les miracles accomplis ce jour-là ne symboliseraient-ils pas l'avènement d'une création toute nouvelle, l'avènement d'un monde tout autre, plus juste, plus humain, plus fraternel ?.... Les miracles n'auraient-ils pas ainsi partie liée avec l'annonce dynamique du Règne de Dieu déjà là ?

Mais Jésus n'est pas un « marchand de miracles ». Il refuse de passer pour cela. Les évangélistes nous rapportent à plusieurs reprises qu'il veut à tout prix éviter d'être perçu comme un simple guérisseur. **Ses actes ne prennent tout leur sens que s'ils sont accueillis dans la foi.** C'est pourquoi, là où Jésus ne rencontre pas la foi, il ne peut faire aucun miracle[53]. Marc tient à le montrer refusant de faire les signes de puissance demandés[54].

Par contre, quand il guérit, « *il dit : Va, ta foi t'a sauvé et aussitôt l'aveugle retrouva la vue*[55]». Jésus à lui seul ne peut rien faire pour le bien de l'homme ; il ne peut faire qu'avec son accord, qu'avec sa foi (Voir encadré). Les évangélistes veulent témoigner de cette expérience. C'est dans la foi seule que Jésus peut être accueilli et reconnu. C'est la confiance en lui qui est susceptible de transformer toute une vie d'homme et d'y réaliser des « miracles » !

51. Voir Mc 3, 1-6 ; Lc 13, 10-17 ; 14, 1-6 ; Jn 5, 1-18 ; 7, 19-24...
52. Voir Gn 2, 2.
53. Voir Mc 6, 1-6.
54. Voir Mc 8, 11-13.
55. Mc 10, 52.

Guérison d'une femme (Mt 9, 18-26)

« 18 Comme il leur parlait ainsi, voici qu'un notable s'approcha et, prosterné, il lui disait : « Ma fille est morte à l'instant ; mais viens lui imposer la main, et elle vivra. » 19 S'étant levé, Jésus le suivait avec ses disciples. 20 Or une femme, souffrant d'hémorragie depuis douze ans, s'approcha par derrière et toucha la frange de son vêtement. 21 Elle se disait : « Si j'arrive seulement à toucher son vêtement, je serai sauvée. » 22 Mais Jésus, se retournant et la voyant, dit : « Confiance, ma fille ! Ta foi t'a sauvée ». Et la femme fut sauvée dès cette heure-là. 23 A son arrivée à la maison du notable, voyant les joueurs de flûte et l'agitation de la foule, Jésus dit : 24 « Retirez-vous, elle n'est pas morte, la fillette, elle dort ». Et ils se moquaient de lui. 25 Quand on eut mis la foule dehors, il entra, prit la main de l'enfant et la fillette se réveilla. 26 La nouvelle s'en répandit dans toute cette région ».

Mais parce qu'il n'est pas un simple « rabbi » guérisseur, Jésus peut faire bien plus que délivrer le corps de ses malades ou dominer les éléments de la nature. Il prétend faire ce que Dieu seul peut faire : libérer l'homme de la racine du mal qu'est le péché ; pardonner comme Dieu pardonne ; ouvrir un avenir à celui qui se repent, en lui manifestant combien il reste aimé. Cela donne la Vie, dit l'Évangile. Le plus grand « miracle » de Jésus n'est-il pas **la libération de l'homme dans sa totalité** ? « *Tes péchés sont pardonnés* » est aussi important que « *Lève-toi, prends ton brancard et marche* ». Cela est étonnant pour tout le monde. Pour les scribes, bons connaisseurs des Ecritures, cet homme apparaît comme blasphémateur : en effet, personne n'a le droit de se prendre pour Dieu. Aussi veulent-ils le faire disparaître pour « relever » le Nom de Dieu. Quant à nous aujourd'hui, sensibles à tout ce qui peut libérer l'homme : son corps, sa situation sociale..., ne sommes-nous pas choqués (ou émerveillés) par une telle parole ? Le pardon des péchés serait-il donc plus essentiel que la guérison et que la réintégration dans la société ?..

Pourquoi le peuple est-il dit « bouleversé » et « émerveillé », alors que les scribes sont agacés ?

Jésus est perçu comme libérateur des pauvres et des malades sur lesquels pèse une véritable chape de plomb. Mal aimés des hommes, ils doivent accepter de vivre en marge de la normalité. Mal aimés de Dieu aux yeux de tous, l'accès au Temple leur est interdit. Or voilà que Jésus les libère dans leur corps et les remet debout, en état de marche, pour une vie sociale. « *Va te montrer aux prêtres* »[56], leur dit-il, de suite après la guérison. Jésus brise ainsi les lois qui excluent et lève les barrières qui divisent les hommes.

C'est pourquoi l'Évangile nous rapporte que les malades remis debout deviennent croyants (ce n'est cependant pas toujours le cas[57]) ; leur entourage le devient aussi ; quant aux témoins, ils sont dit « bouleversés » et « *rendent gloire à Dieu* ». Jésus, quant à lui « *se retirait dans les lieux déserts et il priait* »[58].

DES « SIGNES » HIER ET AUJOURD'HUI.

Pour les premiers chrétiens, la Bonne Nouvelle ne peut être colportée sans ces récits de miracles.

En faire mémoire, c'est dire combien Jésus a bouleversé l'organisation sociale et religieuse du monde en 28-30. C'est inviter les communautés naissantes à bouleverser leur propre organisation sociale et religieuse, à chaque fois que celle-ci crée des barrières entre les hommes et avec Dieu. C'est l'homme aimé de Dieu dans sa totalité qui doit être le but de toute institution.

En faire mémoire, c'est faire rencontrer la personne même de Jésus et la faire aimer. C'est donner désir à la communauté de marcher à sa suite.

En faire mémoire, c'est lui expliquer quelque chose de Dieu et du monde autre qu'il a promis.

En effet, ces miracles manifestent que le Royaume de Dieu est bien de ce monde et qu'il concerne les besoins

56. Mt 8, 1-4.
57. Voir Lc 17, 11-19.
58. Lc 5, 16.

essentiels des hommes : leur santé, leur soif d'être reconnus, leur vie tout entière ... En faire mémoire c'est s'engager à agir pour ces besoins vitaux.

Il faut donc parler de ces miracles. Il faut les raconter car ils font partie de l'acte de foi ! Ils rejoignent bien la tradition biblique déjà ancienne : le salut donné par Dieu est toujours concret, vital[59].

Ils manifestent aussi la victoire possible sur les puissances du mal. **Par Jésus, un monde nouveau est promis, déjà là et « à venir ».** Le mal n'aura pas le dernier mot. Tous ces actes de libération bien réels sont en même temps symboliques : c'est le temps d'une Nouvelle Alliance[60]. Celle-ci ne peut être tue ! Il faut l'annoncer à tout vent. C'est ce que font les premiers chrétiens.

Aujourd'hui comme hier, ne plus lire les récits de miracles risquerait de produire une foi totalement intérieure qui n'agit pas. Nous avons vocation à accomplir des « miracles » en ce monde...

Pourtant, dans un monde dur de lutte pour la vie, la venue du Règne de Dieu ne semble pas si évidente que cela. Nous sommes parfois en attente de « spectaculaire », de « miracles-preuves » de l'efficacité de Jésus dans notre quotidien. Or, pas plus que les disciples, nous ne ferons l'économie des échecs, des souffrances, de l'absence et de la croix. C'est une épreuve pour la foi.

Mais Jésus nous dit : allez au-delà du grandiose et venez à la rencontre de ma personne. Avec moi, cherchez ce qui, dans votre vie, est signe aujourd'hui de ce monde nouveau déjà inauguré. Vous y découvrirez des « miracles » au quotidien, des remises debout, des marches reprises, des regards retrouvés, des pardons donnés et des lumières sur la route. Ce chemin vous mènera plus loin que moi. Car « *il faut que le monde sache que j'aime le Père et que j'agis comme il me l'a ordonné* »[61].

59. Voir la libération d'Egypte.

60. Parler de nouvelle Alliance c'est faire référence à l'ancienne (c'est ainsi que nous parlons d' Ancien Testament pour désigner la Bible avant Jésus). En ce temps, on parle de l'Alliance tout court, celle qui unissait Dieu et son peuple, le peuple juif. La nouvelle Alliance qu'apporte Jésus réalise le nouveau peuple de Dieu, le Royaume pour tous.

61. Jn 14, 31.

A CAUSE DE DIEU QU'IL DIT ÊTRE SON PÈRE ET POUR CONDUIRE AU PÈRE...

DES ACTES ET DES PAROLES DE VIE.

Qu'il s'agisse de ses paroles ou de ses actes, la Bonne Nouvelle de Jésus questionne et ne laisse pas tranquille. Ces hommes qu'il a choisis, ces hommes et ces femmes qui l'ont suivi, voient leur vie complètement bouleversée. Les pêcheurs laissent leurs filets et le douanier son bureau. Zachée décide de partager ses biens et de réparer les torts qu'il a pu faire. La femme adultère se trouve réconciliée et envoyée à la vie plutôt qu'à la mort. Des infirmes, des lépreux, et même ceux qu'on croyait « possédés » se trouvent réintégrés dans la société. Tous sont embarqués dans une aventure : leurs repères traditionnels (la Loi, le Temple) ne suffisent plus, ils mettent leur foi en Jésus. Cette aventure change leur vie.

Jésus n'est pas l'inventeur d'une nouvelle philosophie ou d'une nouvelle sagesse qu'on écouterait pour le plaisir de l'esprit sans que cela questionne notre existence. A l'inverse de certaines religions de l'époque appelées « gnoses »[62], il propose une vie, une pratique, un monde de l'amour, du pardon et de la réintégration de tous, pour que tous aient la vie. Il dit : *« Je suis venu pour que les hommes aient la vie et qu'ils l'aient en abondance »*[63]. Il parle même de « *vie éternelle* ». Qu'est-ce à dire ?

JUSQU'À LA RÉVÉLATION DE DIEU AMOUR.

Qu'il soit venu pour qu'ils aient la vie, il le montre par sa pratique et par ses miracles. Ses actes signent ses paroles. Ils inaugurent le Royaume, le monde nouveau de Dieu. Jésus veut des hommes debout, vraiment hommes. Parmi les signes qui le montrent, outre « *les*

---

62. Leur but est d'apporter le salut par la connaissance intellectuelle.

63. Jn 10, 10.

aveugles voient », il dit : « *les pauvres entendent une Bonne Nouvelle* ».

Cela surprend les disciples : des guérisseurs, il y en a à l'époque... mais pas des gens qui puissent dire « *Tes péchés sont pardonnés* »[64]. A la Samaritaine, il ne se contente pas de parler de son besoin immédiat d'eau du puits, il dit : « *Si tu connaissais le don de Dieu et qui est celui qui te dit "Donne-moi à boire", c'est toi qui aurais demandé et il t'aurait donné de l'eau vive... Celui qui boira de l'eau que je lui donnerai n'aura plus jamais soif ; au contraire, l'eau que je lui donnerai deviendra en lui une source jaillissant en vie éternelle* »[65].

Comment comprendre la vie éternelle ?

C'est la vie de l'homme concret, présente et future tout à la fois. Jean cite Jésus qui en parle au présent : « *Celui qui croit* **A** *la vie éternelle* », *Celui qui se nourrit de moi* **A** *la vie éternelle...* et cette fois, il ajoute au futur : « *et moi je le ressusciterai au dernier jour* »[66]. La vie, c'est tout ce que des hommes et des femmes peuvent suggérer, quand ils se plaignent que ce qu'ils vivent « ce n'est pas une vie ». C'est aussi un don qui dépasse ce que les hommes peuvent construire puisque c'est un don de Dieu.

Avant son arrestation, à ce moment essentiel, Jésus prie ainsi son Père : « *La vie éternelle c'est qu'ils te connaissent Toi le seul vrai Dieu et celui que tu as envoyé Jésus-Christ* »[67]. **Connaître Dieu et son envoyé Jésus-Christ, c'est cela la vie !**

Les disciples savent bien que « connaître » ce n'est pas seulement savoir avec son intelligence. Ils se rappellent des phrases de la Bible comme celles-ci : *Adam connut Eve et elle lui donna un fils.* Connaître c'est communier, entrer en relation d'amour. Aussi ils parleront de Nouvelle Alliance entre Dieu et les hommes, l'Alliance inaugurée par Jésus.

64. Mc 2, 9.
65. Jn 4, 1-42.
66. Jn 3, 14-16 ; 6, 40, 47 ; 20, 31.
67. Jn 17, 3.

Dans la parabole de l'enfant prodigue, **Dieu est présenté comme un Père qui attend l'homme,** à l'image de ce père qui attend le retour de son enfant fugueur. Quand il revient, c'est la fête, car dit-il, « *mon fils était mort et il est revenu à la vie* »[68].

Par ailleurs, Jude, un des disciples, se montre étonné qu'ils aient été choisis les premiers ; Jésus lui répond : « *Si quelqu'un m'aime, il observera ma parole et mon Père l'aimera ; nous viendrons à lui et nous établirons chez lui notre demeure. Celui qui ne m'aime pas n'observe pas mes paroles...* »[69]. Il s'agit bien d'une affaire d'amour et pas seulement de connaissance ou d'obéissance aveugle...

Aussi, **le double commandement résume toute la Loi** : « *Tu aimeras le Seigneur ton Dieu... et ton prochain comme toi-même* »[70]. Le chemin de Jésus est un chemin d'humanisation sur lequel ses disciples sont invités à devenir à la fois plus hommes, plus frères des autres et plus aimants de ce Dieu que Jésus nomme Père.

A CAUSE DU PÈRE.

Les contemporains de Jésus lui demandent souvent : « *Par quelle autorité fais-tu cela ? Qui t'a donné autorité pour le faire ?* ». Dans sa réponse pleine d'humour, Jésus renvoie à l'autorité des prophètes qui parlent au nom de Dieu[71]. On l'a vu, la question se pose pour ses paroles, quand par exemple il ose pardonner les péchés, mais elle se pose aussi pour ses miracles. Un jour, ses adversaires disent : « *C'est par Béelzéboul, le prince des démons, qu'il chasse les démons* ». Jésus répond encore avec humour : « *Tout royaume divisé contre lui-même court à sa ruine* », et il ajoute « *mais si c'est par le doigt de Dieu que je chasse les démons, alors le Royaume de Dieu vient de vous atteindre* »[72].

68. Lc 15, 11-32.
69. Jn 14, 23.
70. Mt 22, 37.
71. Voir Mc 11, 27-33. Sur les prophètes, voir chapitre 3, note 77.
72. Lc 11, 17-23.

Ainsi, tout au long de l'Évangile, **Jésus se réfère à l'envoi du Père** : « *Ma nourriture c'est de faire la volonté de celui qui m'a envoyé et d'accomplir son oeuvre* »...[73] « *Je suis descendu du ciel non pas pour faire ma volonté mais pour faire la volonté de Celui qui m'a envoyé* »...[74]

Nous nous demandions : qu'est-ce qui fonde la prétention de Jésus? Il nous répond : « *Je possède un témoignage qui est plus grand que celui de Jean ; ce sont les oeuvres que le Père m'a donné à accomplir ; je les fais et ce sont elles qui portent témoignage à mon sujet que le Père m'a envoyé... Je suis venu au Nom de mon Père et vous refusez de me recevoir* » [75].

Jésus n'est pas seulement un envoyé du Père, comme l'étaient ces hommes appelés prophètes. Relisons le dialogue que Jean nous rapporte entre Thomas, Jésus et Philippe :

« *Thomas lui dit : "Seigneur, nous ne savons même pas où tu vas, comment pourrions-nous en connaître le chemin ?"*

Jésus lui dit : "Je suis le chemin, la vérité et la vie. Personne ne va au Père si ce n'est par moi. Si vous me connaissiez, vous connaîtriez aussi mon Père. Dès à présent, vous le connaissez et vous l'avez vu".

Philippe lui dit : "Seigneur, montre-nous le Père et cela nous suffit".

Jésus lui dit : "Je suis avec vous depuis si longtemps, et cependant, Philippe, tu ne m'as pas reconnu ! Celui qui m'a vu a vu le Père. Pourquoi dis-tu : "montre-nous le Père". Ne crois-tu pas que je suis dans le Père et que le Père est en moi ? » [76].

Jésus n'est pas seulement chemin : ce serait déjà beaucoup puisque nous ne pouvons aller au Père que par lui. Mais il le manifeste, il le révèle, il le montre, au point que **pour voir le Père, il faut regarder Jésus.**

73. Jn 4,34.
74. Jn 6, 38.
75. Jn 5, 36-43.
76. Jn 14, 5-10.

On comprend alors qu'**il puisse être appelé « le Fils »** : « *Nul ne sait qui est le Père si ce n'est le Fils et celui à qui le Fils veut bien le révéler* »[77]. Cependant Jésus ne se définit jamais, il reste silencieux sur son identité. Dans le récit des tentations, c'est le diable qui lui dit : « *Si tu es le Fils de Dieu, jette-toi du haut du Temple* ». Jésus répond : « *Tu ne mettras pas à l'épreuve le Seigneur ton Dieu* »[78]. Tout au long de son ministère, Jésus montre sa filiation en la vivant, non en la disant : il fait ce que seul le Fils de Dieu peut faire.

Il y a plus encore. Il ne suffit pas à Jésus d'être le Fils. S'il dit des centaines de fois « *mon Père* », il dit souvent aussi « *votre Père* ». Parfois les deux expressions cohabitent dans la même phrase[79]. Car son Père est aussi le nôtre, celui de tous les hommes qu'il aime. **Nous sommes donc des fils.** Durant toute sa vie, Jésus manifeste cet amour du Père pour tous, à commencer par les malades, les exclus, les pécheurs. Tous peuvent être fils et dire : « *Notre Père* ». C'est ainsi que Jésus apprend à prier aux disciples qui le lui demandent[80] (voir encadré).

Cette perspective séduisante, de fait, risque bien de bouleverser toute une vie. Mais quelle garantie avons-nous ? Comment faire confiance à ce point ? Qu'est-ce qui nous dit que Jésus n'est pas un merveilleux conteur ? Nous ne pouvons miser notre vie sur un conte !

---

77. Lc 10, 22.
78. Mt 4, 1-11.
79. Voir Jn 20, 17.
80. Voir Mt 6, 9-13 ; Lc 11, 2-4.

Grille de lecture du Notre Père.

1. **Mettre en trois colonnes les trois textes que nous avons du Notre Père :** celui de Matthieu, celui de Luc et celui que nous disons dans la liturgie. Veiller à le diviser en courts membres de phrase et mettre en face les formules qui se correspondent :

Lc 11, 2-4	Mt 6, 9-14	Liturgie
Père Fais-toi reconnaître comme Dieu ... etc.	Notre Père céleste, Fais-toi reconnaître comme Dieu.	Notre Père qui es aux cieux, Que ton Nom soit sanctifié.

2. Repérer et mettre en deux colonnes **deux sortes de lieux** (le ciel, la terre) et **deux sortes de moments.** Y a-t-il un mouvement de l'un à l'autre ?

3. Relever **les personnages.** Mettre avec chacun leurs caractéristiques.

4. Relever **les verbes.**

— Les verbes qui ont Dieu pour sujet :

Il fait ou donne quoi ? Il enlève ou délivre de quoi ?

— Les verbes qui ont « nous » pour sujet.

5. **Le contexte** : Repérer ce qui précède chez Matthieu et chez Luc. Qu'est-ce que cela nous indique ?

6. La première ligne, **l'invocation.** Qu'est-ce qu'on tire des précisions de Mt par rapport à Lc ? Quel rapport cela crée ?

7. **Les demandes de la première partie.**

— Que nous fait comprendre la traduction de la TOB : Fais-toi reconnaître comme Dieu ?

— Qu'est-ce que le Règne ? Est-ce qu'on se rappelle d'autres paroles de Jésus sur le Règne de Dieu ?

— Matthieu a une demande de plus que Luc. En quoi cette troisième demande explicite les deux autres ? Est-ce qu'on se rappelle d'autres paroles de Jésus sur la volonté du Père ?

.../...

8. Les demandes de la deuxième partie.

— Qu'évoque le mot pain ? Peut-on penser à plusieurs nourritures ? Lesquelles ?

Comparer avec les demandes de la première partie ?

— A quels autres textes sur le pardon nous fait penser la deuxième demande ?

Pourquoi y a-t-il un « comme » ou un « aussi » (dans la liturgie) ?

— Pourquoi Matthieu a-t-il mis une quatrième demande explicitant la troisième ? Comparer cette quatrième demande dans Matthieu et dans la traduction liturgique.

9. Comment ce texte **nourrit et oriente** notre vie, notre regard de foi, notre lien à Dieu, notre prière ?

AUJOURD'HUI ENCORE...

Jésus était une question pour ses contemporains et même pour ses amis. Il reste une question depuis deux mille ans. Pour nous comme pour les disciples, l'important n'est pas seulement de lire la vie d'un grand homme du passé. La question est de le recevoir ou de refuser de le recevoir... et de le recevoir comme l'envoyé du Père de tous les hommes. Déjà, en l'an 80, les évangélistes auraient pu en faire un homme du passé. Pourtant, ils nous en parlent comme d'un vivant : pour eux, son histoire est une histoire au présent. A cause de ce dont il a témoigné, ils savent que **son histoire change l'histoire. Elle peut changer la nôtre** si nous voulons, comme elle a changé celle de millions de gens...

Certes, pour beaucoup, aujourd'hui comme hier, la question de Dieu ne passe pas par l'histoire de Jésus ; certains trouvent même qu'il nous conduit à un Dieu contraire à celui qu'ils croient ou imaginent. Pour d'autres, il est un personnage admirable, éclairant pour leur vie, mais il est une sorte de modèle, d'idéal humain (Voir en encadré le témoignage de Magali).

Dieu en question.

« Lors d'une rencontre l'an dernier, je vous avais dit combien je croyais en un "Dieu" ; j'avais l'impression qu'il existait vraiment. Quand je priais, j'avais la sensation de sentir sa présence très proche et de puiser ma force en lui. Quant au Christ, je croyais en son existence mais pour moi, celui que j'appelais Dieu me préoccupait beaucoup plus.

Or, pendant les vacances d'été, tout a basculé. La colo n'a pas très bien marché et j'ai reçu de tristes nouvelles : un voisin et le père d'une amie sont morts ; un ami proche a fait une tentative de suicide... Puis après un voyage pour danser, je n'avais qu'une idée : retourner danser et encore danser... Tout ce à quoi je croyais si fort, ce Dieu avec lequel je me sentais reliée, tout s'est dégradé.

C'est un copain militant qui m'a donné envie de bouger à nouveau, d'agir avec les copains. Surtout, à travers lui, pourtant non croyant, j'ai redécouvert le Christ. Je me suis mise à prier de nouveau. Mais je ne l'ai pas découvert une fois pour toutes. Chaque jour, je le connais un peu plus grâce aux réunions de JOC et grâce aux copains d'horizons divers. Les révisions de vie m'éclairent sur le message du Christ.

Pour moi qui me réclame du monde ouvrier, le Christ est quelqu'un qui me soutient au coeur de mes démarches. Combien de fois ai-je eu besoin de lui ces derniers temps, quand il a fallu aller voir le directeur ou pour inviter (plusieurs fois !) les copains à rencontrer les syndicats? Pourtant, j'écoutais quelqu'un me dire "N'aie pas peur, je suis avec toi ; regarde-moi, j'ai risqué ma vie pour plus de justice, pour que les hommes construisent la paix. Maintenant c'est à toi de prendre le relais, de bouger : lève-toi, suis-moi et poursuis avec d'autres ce que j'ai entrepris"...

Voilà où j'en suis aujourd'hui : je crois au Christ et à son message, je puise ma force dans cet homme vivant, mais je ne sais plus si je crois en Dieu. Il m'est presque impossible de lire ou de dire des prières parlant de Dieu. Alors, je me tais.

Cependant, ces derniers temps, j'ai quand même des doutes. Je me dis : si tu crois au Christ, alors fais-lui confiance ; s'il a souvent parlé de son Père, c'est bien qu'il existe quelqu'un ou quelque chose...

.../...

Quand j'en ai parlé à Pierre, il m'a dit : Ce sont des étapes que tu franchis peu à peu. Tu croyais d'abord en un Dieu comme bien des gens l'imaginent, indépendamment de Jésus. Puis, tu t'es aperçue que ce Dieu ne collait pas. Tu as découvert Jésus. Il était d'abord pour toi un modèle chez qui puiser un idéal de vie. Mais il est devenu bien plus qu'un modèle, bien plus qu'un grand homme du passé puisque tu le pries et que tu en parles comme d'un Vivant aujourd'hui. Dernièrement, tu as amorcé une nouvelle étape ; tu as découvert ce qui est tout au long des évangiles : Jésus ne tient debout qu'en référence à celui qu'il appelle son Père. Ce Dieu Père sera probablement bien différent de ce "Dieu" dont tu parlais au début. C'est pour nous le faire connaître que Jésus a donné sa vie... » **Magali.**

Comme les disciples, nous avons en nous bien des résistances. Un jour, après l'avoir entendu, ils disent : « *Cette parole est rude ! Qui peut continuer à l'écouter ?* » et « *beaucoup de ses disciples se retiraient et cessaient de faire route avec lui. Alors, Jésus dit aux Douze : "Et vous, n'avez-vous pas l'intention de partir ?" Mais Simon Pierre lui répondit : "Seigneur, à qui irions-nous, tu as des paroles de vie éternelle. Et nous avons cru et nous avons connu que tu es le Saint de Dieu"* » [81].

Aujourd'hui encore, Jésus demande à ceux qui l'écoutent de **s'engager sur une route** qui peut paraître rude.

S'y engager, c'est accepter de recevoir un but : la Vie, jusqu'à cette vie éternelle où nous rencontrerons Dieu comme Père.

C'est faire que tout homme et tous les hommes aimés de Dieu soient le point central de notre vie.

C'est vivre le double commandement de l'amour de Dieu et des frères.

Pour cela, un chemin nous est proposé : **suivre** Jésus ; et des points de repères nous sont donnés : Avec Jésus, **aimer** comme Dieu aime. Avec Jésus, **pardonner** comme Dieu pardonne. Avec Jésus, **servir** comme il s'est fait serviteur. Avec Jésus, **prier** le Père comme **« Notre Père »**.

81. Jn 6, 60-71.

Vaste programme qui renverse notre hiérarchie des valeurs. Pour Jésus, **cela rend heureux**. Aux foules qui le suivent, il dit « *Heureux les pauvres de coeur, le Royaume des cieux est à eux... ; heureux les doux, ils auront la terre en partage* » (voir encadré).

Les Béatitudes (Mt 5, 1-12).

« A la vue des foules, Jésus monta dans la montagne. il s'assit, et ses disciples s'approchèrent de lui. Et prenant la parole, il les enseignait :

Heureux les pauvres de cœur : le Royaume des cieux est à eux.

Heureux ceux qui pleurent, ils seront consolés.

Heureux ceux qui ont faim et soif de la justice : ils seront rassasiés.

Heureux les miséricordieux : il leur sera fait miséricorde.

Heureux les coeurs purs : ils verront Dieu.

Heureux ceux qui font oeuvre de paix : ils seront appelés fils de Dieu.

Heureux ceux qui sont persécutés pour la justice : le Royaume des cieux est à eux.

Heureux êtes-vous lorsque l'on vous insulte, que l'on vous persécute et que l'on dit faussement contre vous toute sorte de mal, à cause de moi. Soyez dans la joie et l'allégresse, car votre récompense est grande dans les cieux ; c'est ainsi en effet qu'on a persécuté les prophètes qui vous ont précédés. »

(On peut lire une autre version des Béatitudes en Lc 6, 20-26)

De quel bonheur s'agit-il ? Pour quand ? Pour cette vie ou pour l'au-delà ? Jésus ne conçoit pas qu'on puisse être son disciple sans être heureux. C'est pourquoi il parle d'**un bonheur au présent** : « *heureux ceux qui **ont** faim... Heureux ceux qui **sont** persécutés* » aujourd'hui. Cela peut nous paraître scandaleux : comment peut-on être heureux dans la souffrance du temps présent ?

Il y a **bien des manières de concevoir le bonheur**. Pour Jésus, l'heureux n'est pas celui qui possède tout ce qu'il désire. Il n'est pas non plus celui qui se contente de ce qu'il a. Le bonheur dont il parle n'exclut ni les manques ni l'échec. Mais ce que le présent contient de pénible est éclairé par une magnifique espérance : les artisans de paix seront désormais appelés fils de Dieu.

Le Royaume de Dieu est aux pauvres, il leur revient aujourd'hui, même s'il ne leur sera effectivement donné que lorsqu'il viendra définitivement. Le bonheur dont parlent les Béatitudes apparaît d'abord tourné vers l'avenir. Dans **l'espérance**, il nous fait vivre cet avenir par anticipation.

Mais cette espérance n'est pas séparable du moment présent, puisqu'elle n'est pas offerte à n'importe qui. **La joie est donnée, aujourd'hui, à ceux qui vivent selon une qualité particulière** de lutte pour la paix et pour la justice, de douceur, de pardon, de fidélité jusqu'à la persécution... Par sa personne, Jésus donne à la vie présente une figure toute nouvelle. Nous le mesurerons mieux à la lumière de sa mort et de sa résurrection.

Ce programme peut paraître étonnant si nous n'en faisons pas nous-mêmes l'expérience. Il nous redit ce que nous avons perçu tout au long de notre parcours sur la vie, les paroles et les actes de Jésus. Non seulement cet homme pose question mais il remet en question, il bouscule. Il suscite des résistances et des oppositions. Ses contemporains savent bien que si on le laisse faire, son message modifiera la vie personnelle et sociale du peuple juif. Il faut donc le faire taire. Depuis longtemps, les Pharisiens et les scribes cherchent les moyens de le tuer. Ils vont y arriver et Jésus, tout Fils de Dieu qu'il est, va mourir...

Chapitre 5

LE CRUCIFIÉ

Une patrouille nocturne, guidée par Judas, disciple de Jésus, fait irruption dans un jardin appelé Géthsémani[1], situé « *au delà du torrent du Cédron* » qui traverse Jérusalem. C'est un lieu où « *Jésus s'est maintes fois réuni avec ses disciples* ».[2] Il est là, en train de veiller et prier. Il a peur, comme tout homme en pareille circonstance et il se sent seul. Ses disciples dorment. Il sait que son heure est arrivée[3]. La troupe armée semble être composée de miliciens juifs, mandatés par le commandant du Temple, sur l'ordre du grand prêtre. Rien ne prouve dans les évangiles que des Romains s'y sont joints. Le coup semble être mené par les seules autorités religieuses.

---

1. Voir Mt 26, 36 ; Mc 14, 32.
2. Jn 18,1.
3. Voir Mc 14, 32-42.

Un contrôle d'identité rapide a lieu : « *Qui cherchez-vous ?* » demande Jésus. « *Jésus le Nazaréen* » lui répond-on. « *C'est moi* »[4]. Une tentative de bagarre s'ensuit mais Jésus coupe court[5] et se laisse arrêter, de nuit, comme un bandit pourchassé depuis longtemps. Il proteste : on le traite d'une manière indigne[6]. Les disciples, quant à eux, s'enfuient[7].

Ce n'est pas ainsi qu'ils rêvaient du Royaume promis ! Jamais ils n'avaient entendu un homme parler et agir aussi bien, au nom de Dieu. Il avait dit des choses tellement fortes sur la vie, sur les hommes, sur l'amour, sur le pardon, sur Dieu son Père, qu'ils s'étaient mis à y croire. Cet homme était bien celui qu'ils attendaient. Il avait pourtant proposé des choses invivables pour ce monde-ci, des choses qui leur faisaient penser que le Royaume ne pouvait être de cette terre. Ce soir-là, ils sont déçus et effrayés, leur espérance de libération est frustrée. Un homme juste et libre va être brisé. Sa mission elle-même est désormais arrêtée. Pourquoi est-il ainsi rejeté du monde ?

4. Jn 18,11.
5. Voir Mt 26, 52-53, Lc 22, 51.
6. Voir Mt 26, 55, Mc 14, 48.
7. Voir Mc 14, 50.

LE PROPHÈTE ASSASSINÉ.

Jésus, emmené d'abord auprès du grand prêtre Hanne[8], traverse une ville en effervescence. En ce début d'avril 30, Jérusalem s'apprête à fêter la Pâque juive, comme chaque année. Une foule nombreuse, venue des quatre coins du pays et de bien plus loin encore, grouille dans la ville. Les autorités romaines, chargées de l'ordre public, ont toujours du mal à la contenir à pareille époque. Il semble même que le tétrarque[9] de Galilée Hérode soit de passage pour l'occasion[10].

C'est dans ce contexte que le procès de Jésus est conduit, semble-t-il, rapidement, afin d'éviter tout mouvement de masse en sa faveur.

UN PROCÈS PRÉFABRIQUÉ.

Les récits relatant le jugement de Jésus posent de nombreux problèmes aux historiens. Ils présentent de grandes contradictions sur les événements qui suivent l'arrestation de Jésus. L'étude littéraire approfondie a cependant permis de reconstituer les séquences avec vraisemblance.

Mais l'important pour nous n'est-il pas d'abord de bien situer les enjeux du conflit : Jésus se retrouve face aux deux instances religieuse et politique qui veulent le convaincre de crime.

Pour comprendre le procès de Jésus, il faut tout d'abord se rappeler, qu'à cette époque, la justice est une justice nécessairement religieuse. On en connait le fonctionnement. Il y a deux sortes de tribunaux juifs appelés sanhédrins : les sanhédrins régionaux et un sanhédrin national appelé Grand Sanhédrin. Leur recrutement est

8. Voir Jn 18 , 13.

9. Un tétrarque est un gouverneur de province. Rome a concédé ce titre à Hérode.

10. Voir Lc 9, 9.

soumis à des règles strictes (Voir encadré). La justice est à base de témoignage. Jésus comparaîtra devant le Grand Sanhédrin national qui siège à Jérusalem. Il est composé de 71 membres, essentiellement des Sadducéens[11]. C'est lui qui doit trancher les problèmes politiques et religieux les plus graves.

Le Sanhédrin selon le Talmud.

« Tous les Israëlites ont qualité pour juger en matière civile, mais les matières criminelles sont réservées à l'examen des prêtres, des lévites et des Israëlites pouvant marier leurs filles à des membres du clergé »

« La Bible posait en principe qu'il faut au moins deux témoins pour établir un fait. C'est aussi la jurisprudence constante du Talmud. Un seul témoin ne suffit pas pour faire condamner une personne à mort (Livre des Nombres 35, 30). En règle générale, partout où l'Ecriture emploie le mot témoin, elle en requiert deux, si le texte ne spécifie pas qu'il s'agit d'un seul ». « Un témoin unique, non confirmé, n'est pas cru ».

« Une tribu tombée dans l'idolâtrie, un faux prophète et un grand prêtre sont justiciables de la seule Cour des soixante-et-onze. C'est elle aussi qui décide si un terrain peut être incorporé à l'enceinte de Jérusalem ou aux parois du Temple. Elle désigne le sanhédrin (des vingt-trois) pour les tribus... Elle prononce un verdict contre toute cité coupable d'idolâtrie... »

Cité par R. Aron, Quelques réflexions sur le procès de Jésus, Lumière et Vie, N° 101.

N.B. : Le Talmud est un recueil de textes juifs qui expliquent la « Loi », soit en développant des règles de conduite juridiques (Halaka) ; soit en dégageant la signification des récits et des événements (Haggada). Ces textes, sans avoir l'autorité de la Bible, sont la « Loi » au sens large.

11. Les Sadducéens sont un groupe aristocratique ; ils sont issus en général de la classe sacerdotale. Ils collaborent volontiers avec l'occupant romain.

Mais, rappelons-nous, le pays est occupé par les Romains. Ceux-ci réduisent considérablement la compétence de la justice juive, au profit de leurs propres tribunaux. Au moment du procès de Jésus, le Grand Sanhédrin, jusque-là habilité à prononcer un verdict de mort, semble en avoir été dépossédé. « *Il ne nous est pas permis de mettre quelqu'un à mort* » rapporte l'évangile de Jean[12] au sujet des grands prêtres ; il semble avoir seulement le droit d'émettre un avis. C'est pourquoi, Jésus ne pourra être condamné que par l'occupant romain devant lequel il devra comparaître.

Pour arriver à ses fins, le grand prêtre Caïphe va jouer le jeu de la collaboration. Soumis aux Romains dans l'exercice même de son ministère, il a tout intérêt à chercher à leur plaire. Ainsi, lorsqu'il transmettra à Pilate, le procurateur romain, les griefs qu'il a accumulés et formulés contre Jésus, il se trouvera dans la situation commune des collaborateurs voulant dénoncer l'un des leurs à l'occupant, afin de s'en débarrasser. Pour cela, il suffira à Caïphe d'inventer quelques arguments susceptibles d'être entendus.

• Le procès juif : Jésus « faux prophète ».

Après avoir comparu devant l'ancien grand prêtre Hanne, Jésus est conduit auprès de Caïphe, le grand prêtre en exercice. Des membres du Sanhédrin le rejoignent, semble-t-il, mais sûrement pas les soixante et onze. L'appareil juridique traditionnel semble avoir disparu. Pour Luc, ce n'est pas un procès dans la tradition juive. Les témoins sont même de faux témoins, nous rapporte Marc. L'interrogatoire est « ficelé » à l'avance. Jésus « *mérite la mort* » ; c'est tout ce que le Sanhédrin semble déclarer.

Le récit des évangélistes fait tourner le débat autour de la mission de Jésus. Les griefs sont simples à comprendre. A la question : « *Es-tu le Messie, le fils du Dieu béni ?* »[13], Jésus répond : « *Je le suis* ». Il ne se préoccupe pas de l'avis des chefs des prêtres, seuls chargés d'organiser la vie du peuple et d'interpréter la volonté de Dieu. Pire, il gaspille le Nom de Dieu. Il

12. Jn 18, 31.
13. Mc 14, 61.

fragilise tout l'édifice religieux. On l'a même entendu dire qu'il détruirait le Temple et qu'il le rebâtirait en trois jours. Il sape tout ce qui a le plus de valeur. Comment ce que Jésus dit de Dieu peut-il être accepté dans la foi juive ? Cet homme est un faux prophète ; il doit être condamné.

Mais quels motifs trouver pour que le gouvernement romain le condamne effectivement à mort ?

L'épisode des marchands chassés du Temple semble être le prétexte retenu[14]. Cet homme n'a-t-il pas déjà troublé l'ordre social ? Ne serait-il pas capable de soulever un mouvement populaire contre les Romains ? Les « rêveurs » de ce genre sont dangereux et à abattre. L'argument politique est trouvé : cet homme menace la sécurité de l'Etat.

Jésus déféré à l'autorité romaine se trouve volé d'un vrai procès et du sens même de sa mort : il n'est pas jugé comme faux prophète, il est jugé comme l'agitateur politique qu'il n'a jamais voulu être.

Pour ceux qui écrivent les évangiles, la responsabilité des autorités religieuses juives est immense. Ce procès et la condamnation qui va suivre sont un scandale.

• Le procès romain : Jésus « agitateur ».

Pourquoi la foule qui, jusqu'alors a acclamé Jésus, crie-t-elle sa mise à mort ?

Comme tout condamné à mort, il montera au Golgotha, lieu de sa crucifixion, avec le motif de sa condamnation accroché autour du cou :« *Jésus roi des Juifs* ». Comme il n'est pas citoyen romain, le procès va être expéditif. Pilate, qui était pourtant sans grand scrupule, semble percevoir la fausseté de l'accusation et juger Jésus innocent. C'est ce que nous rapportent Luc et Jean[15]. Mais il cède à la pression des chefs et à celle de la foule excitée dans ce contexte pascal : « *A mort ! A mort !* ».

◀

Si l'on en croit les évangiles, le peuple a effectivement été favorable à Jésus. Mais, sans le vouloir, celui-ci

14. Voir Lc 19, 45-48.
15. Voir Lc 23, 4 ; 23, 17-25 ; Ac 3, 13 ; 13, 28 ; Jn 18, 38 ; 19, 4-6.

a réveillé des espoirs de libération politique. Compris comme le Fils de David, il allait libérer le pays de l'occupant romain et, par là, symboliser la venue imminente de ce Règne de Dieu qu'il annonçait. Le malentendu s'est installé. Jésus déçoit. Sous la pression des chefs religieux, le peuple le rejette.

Pour le pouvoir politique en place, la vie de cet innocent pèse peu. Pourquoi l'épargner ? Sa condamnation et son exécution, dans un lieu visible de tous les passants en ce temps de fête, va être perçue par les prêtres comme la garantie d'un ordre public maintenu. Pilate le livre à la foule en raillant : « *Voici votre roi* ».[16]

UNE MORT PAR AMOUR...

Ceux qui font de Jésus un illuminé courant de bon coeur au suicide, ou encore un sage stoïcien[17] offrant placidement sa vie en sacrifice, ne font pas de Jésus un être vrai, un homme aussi homme que chacun de nous.

• Un « oui » lucide : dans la logique d'une vie donnée.

Les évangiles synoptiques nous rapportent plusieurs paroles par lesquelles Jésus annonce sa propre mort. Il la pressent. Il la voit s'approcher comme le terme inévitable d'une mission non comprise. Alors, s'il est au courant de ce qui se trame contre lui, pourquoi ne fuit-il pas ? Jouerait-il au héros ?

Les évangiles nous disent que non. Jésus se cache parce que sa mission n'est pas terminée. A plusieurs reprises, il dénonce sa mort comme un mal, comme une infamie. **Cette mort, il ne l'a pas cherchée, il ne la désire pas, mais il l'acceptera sans se dérober.** Ainsi, on nous rapporte qu'avant son arrestation, Jésus dénonce les meurtriers des prophètes[18]. Il met les sanhédrites en garde contre leur projet de le tuer[19]. Il laisse

16. Jn 19, 14.

17. Les partisans de la philosophie stoïcienne prônent le courage devant la douleur et l'adversité : la sagesse consiste à accepter l'« ordre des choses ».

18. Voir Mt 23, 29-37.

19. Voir Mc 12, 1-12.

entrevoir son horreur devant la trahison de Judas[20]. A Géthsémani, on l'a vu, il proteste quand on l'arrête de nuit comme un bandit.

Il entrevoit une mort de prophète assassiné, à la suite de ceux qui l'ont précédé : « *Il n'est pas possible qu'un prophète périsse hors de Jérusalem* » dit-il à ses disciples[21]. Il connait la Loi. Il sera donc lapidé. Il ne peut imaginer une mort en croix.

Pour nous, la croix est un emblème, notre signe de chrétien. Pour certains, elle est seulement un bijou. Nous sommes tellement habitués à parler de la mort en croix de Jésus que cela ne nous émeut même plus. Mais pour Paul, elle est « *scandale pour les Juifs et folie pour les païens* » [22]: ils ne peuvent envisager une humanité de Dieu et encore moins un Fils de Dieu mourant. Quant aux évangélistes, ils manifestent dans leurs récits combien le meurtre de Jésus les heurte dans leur foi. En effet, pour les Juifs qu'ils sont, la mort en croix est scandaleuse : « *Est maudit de Dieu quiconque est suspendu au bois* »[23]. Condamner Jésus à la croix et non à la lapidation, c'est lui refuser le titre de prophète et dénier toute valeur à son message. C'est faire de lui un bandit ou un séditieux.

Jésus ne désire donc pas sa mort, mais il la comprend comme le terme logique de la vie qu'il a menée : « *Voici, je chasse les démons et j'accomplis des guérisons aujourd'hui et demain et le troisième jour*[24], *c'est fini. Mais il me faut poursuivre ma route aujourd'hui et demain et le jour suivant...* » [25]. C'est parce qu'il aime les siens au plus haut point qu'il ira jusqu'au bout de ses choix, « *jusqu'à l'extrême* » de l'amour, écrit Jean[26].

20. Voir Mc 14, 18-21.
21. Lc 13, 33.
22. 1 Co 1, 23.
23. Dt 21, 23 cité par Paul en Ga 3, 13.
24. Cette expression signifie au moins « dans un bref délai » (note de la TOB). On verra plus loin qu'elle a aussi un sens religieux (chapitre 6).
25. Lc 13, 31-33.
26. Jn 13, 1.

On nous rapporte qu'un autre jour, il déclare : « *Le Fils de l'homme n'est pas venu se faire servir mais servir et donner sa vie en rançon pour les foules* »[27]. En référence aux Ecritures qu'il connait bien, il annonce que « *son heure est venue* »[28] ; son destin tragique fait partie du dessein de Dieu.

La volonté de Dieu serait-elle de faire mourir son fils ?

Jésus a toujours manifesté un Dieu proche des hommes et de leur vie dans sa totalité, non un Dieu assassin. Comment le Père aurait-il pu désirer la mort de ce qu'il a de plus cher? Et pourtant Luc écrit : « *Ne fallait-il pas que le Christ souffrit cela?* ». Jésus parle aussi de « coupe » qu'il lui faut boire[29]. Comment comprendre ? Pour un sémite, pétri des Ecritures, rien ne peut échapper au projet de Dieu. Sa mort ne peut qu'être inscrite dans la volonté de son Père. Mais n'oublions pas ce qu'est, pour Jésus, faire la volonté de Dieu. C'est avant tout lui être fidèle, dans la mission qu'il lui a confiée, une mission de serviteur des hommes pour une vie en abondance. C'est cette mission qui lui fait prendre des risques dans sa prédication et ses actes. C'est elle la source de sa fidélité. C'est pour elle, parce que l'amour n'a pas de limites, qu'il dit un « oui » lucide à ce chemin risqué.

Toute la vie de Jésus a bien pour but de réaliser le dessein d'amour de son Père. C'est pourquoi Marc met sur ses lèvres trois annonces explicites de la passion : celle-ci fait partie intégrante de la mission de Jésus[30].

Il ne fait d'ailleurs pas que l'annoncer. La veille de son arrestation pressentie comme imminente, il réunit ses « Douze » pour un repas intime, un repas de fête en ce temps pascal. Mais l'heure est grave. Voudrait-il leur laisser un « testament » ?

27. Mt 20, 28.
28. Mt 26, 45.
29. Voir Mt 20, 22.
30. Voir Mc 8, 31 ; 9, 31 ; 10, 33-34.

• Un « oui » pour la multitude.

Il nous reste quatre récits un peu différents de ce dernier repas[31]. Ils signalent que Jésus a « *désiré ardemment manger cette Pâque* » avec ses disciples « *avant de souffrir* »[32]. Il envoie deux d'entre eux la préparer. Quand on connait le cadre de ce rite juif, on imagine bien **la Cène**. Après les ablutions préparatoires de purification, Jésus fait le geste du père au milieu de ses enfants. Il bénit le pain et le vin. On chante et on se passe la coupe.

Ce n'est pas qu'un repas d'adieu. Jésus lui donne une consistance un peu exceptionnelle. Pour cela, il fait circuler sa propre coupe, ce qui est inhabituel : le chef de famille d'ordinaire se contente de donner le signal de boire en portant le premier la coupe à ses lèvres. Que fait Jésus ? Quelle valeur veut-il donner à son geste ? C'est lui-même qui l'explicite.

Ecoutons comment les évangélistes le rapportent des années plus tard, marqués par l'expérience de Jésus vivant parmi eux et par leur pratique du repas eucharistique : « *Prenez la coupe et partagez entre vous. Je ne boirai plus désormais du fruit de la vigne jusqu'à ce que vienne le Règne de Dieu... Ceci est mon corps donné pour vous... Cette coupe est la nouvelle Alliance en mon sang versé pour vous... Faites ceci en mémoire de moi...* »[33] .

Les mots et les gestes ensemble, sont lourds de sens. Devançant l'heure où il sera livré, Jésus a désiré donner à manger à ses amis, non seulement une matière pain et une matière vin, mais c'est lui-même qu'il veut leur donner. **C'est son propre corps, son propre sang et sa propre vie qu'il offre pour eux, pour tous les hommes, par amour, afin qu'ils vivent**. Voilà le sens que Jésus donne à sa mort. C'est bien dans la ligne de sa vie. Par là, ne veut-il pas signifier à ses proches que cette mort tragique est en étroite relation avec la venue du Royaume qui vient par lui ? Jean écrira en parlant de Jésus : « *Ma vie, nul ne la prend, mais c'est moi qui la donne* »[34].

---

31. Voir 1 Co 2, 23-26 ; Lc 22, 15-21 ; Mt 26, 26-29 et Mc 14, 22-25 (Les versions de Mt et Mc sont très voisines).

32. Lc 22, 15.

33. Lc 22, 17-20. Faire mémoire ce n'est pas seulement se souvenir. C'est actualiser, re-présenter, renouveler un événement du passé dans notre présent afin d'orienter l'avenir.

34. Jn 10, 18.

Tout au long de ce parcours, Jésus nous a étonnés. Là, il nous laisse un peu muets ; nous avons envie de faire silence. Voilà un homme qui va jusqu'au bout de l'amour, qui ne garde plus rien pour lui, même pas sa mort. Il en fait don. Par elle, il désire embrasser la multitude humaine afin de lui manifester qu'elle est aimée et pardonnée, afin de lui ouvrir une existence neuve et sauvée. Jean nous rapporte cela avec beaucoup de tendresse : il ne raconte pas le repas de la Cène mais il met sur les lèvres de Jésus un long discours d'adieu qui en explicite le sens.

Alors, parce qu'il est allé jusqu'au bout de ce qui était en son pouvoir contre le mal de ce monde, Jésus peut accepter d'être livré et, par là, rester fidèle à son Père et aux siens.

Est-ce à dire qu'il va vivre sa mort comme un sage, aussi sereinement qu'il en parle au jour de la Cène ? Non. L'Évangile n'a jamais pour but de nous livrer l'aspect psychologique de Jésus mais il nous présente un Fils de Dieu très humain, vivant sa mort comme une absurdité qui le bouleverse.

• Un « oui » très humain.

A quelques heures de son arrestation, Jésus se trouve donc à Géthsémani[35] avec ses disciples. C'est la dernière veille dans l'angoisse et la prière (Voir encadré). Marc l'écrit à la lumière de Pâque pour une communauté ébranlée par les persécutions. Cette page d'évangile nous montre bien l'humanité authentique de Jésus ; elle nous montre à quel point il nous rejoint au plus profond de nos détresses et de nos peurs.

35. Voir Mc 14, 32-42.

Grille de lecture de l'agonie de Jésus à Géthsémani : Mc 14, 32-42.

1. Noter **les verbes** qui se rapportent à des mouvements (arriver, rester, emmener, aller...) de Jésus ou des disciples.

Qu'est-ce que cela nous indique déjà sur les rapports Jésus/disciples ?

Qu'est-ce que cela nous indique déjà sur la destination de Jésus ?

2. Quel est le sens et la place de « **l'heure** » (versets 35 et 41 : Voir notes de votre Bible) ?

3. Pour chaque catégorie de **personnages** (Jésus, les disciples), relever les verbes et les expressions qui nous disent ce qu'ils font. Pour Jésus, noter ses phrases.

Quel est l'enjeu de ce moment-clé ? Pour Jésus et pour les disciples, il y a tiraillement et choix... Entre quoi et quoi ?

4. **Pour Jésus**, qu'est-ce que cela nous apprend :

sur sa personne ?

sur sa mission ?

sur son rapport au Père ?

sur son rapport aux disciples ?

5. **Pour les disciples**, qu'est- ce que cela nous apprend

sur leur rapport à Jésus ?

sur leur compréhension de sa mission ?

sur leur foi ?

A quoi sont-ils appelés ?

6. En quoi ce texte nourrit-il **notre foi** ?

A quel nouveau regard sur Jésus,

à quel nouveau lien à Jésus,

à quelle nouvelle attitude de disciple,

sommes-nous provoqués ?

Quelle prière pourrions-nous exprimer au terme de cette lecture ?

Sa mort, c'est une mort scandaleuse pour lui, pour ses disciples endormis dans le jardin, pour les premiers chrétiens qui la racontent, pour nous croyants aujourd'hui, pour les non croyants. Les siens, les trois plus proches, l'abandonnent. Le peuple d'Israël qui l'acclamait le rejette. Ce Royaume de Dieu proclamé, annoncé tout au long de sa vie publique, est rejeté par le peuple élu. C'est apparemment l'échec le plus complet de sa mission reçue du Père. Il va mourir, sans avoir établi le Règne de Dieu : « *Mon âme est triste à en mourir* »[36].

Mais son voeu le plus profond rejoint le voeu le plus profond de tout homme : celui de ne pas mourir avant l'heure et de ne pas mourir d'une mort humiliante. Marc utilise un vocabulaire fort : « **Jésus commença à ressentir frayeur et angoisse** »[37]. Il nous le présente comme « *tombé à terre* ». Il prie « *disant les mêmes paroles* »[38], tellement l'angoisse le laisse démuni de mots. Effrayé, il a besoin de vivre son drame, d'une manière très humaine, relié à ses amis. Il va et vient auprès d'eux mais eux, n'arrivent pas à rester éveillés, en attitude de prière, reliés à lui et au Père.

Jésus connait la tentation du « non ». Avec les mots d'un fils pour son père, il le supplie de le sauver. Alors que toute sa vie, il a été relié à lui, obéissant à sa volonté, il est tenté de reculer : « *Abba, Père, à toi tout est possible, écarte de moi cette coupe* »[39]. Cela rejoint bien nos tentations de dire « non » quand la coupe déborde.

Quelques heures plus tard, cloué sur sa croix, il connaîtra l'angoisse et criera « *d'une voix forte* » : « **Père, pourquoi m'as-tu abandonné ?** »[40].

Or, c'est ce Jésus très humain et très filial dialoguant sans cesse avec son Père, c'est ce Jésus au bout de l'échec (et non venant d'accomplir un miracle) qui, dans l'évangile de Marc, est reconnu Fils de Dieu par un païen. Qu'il soit reconnu par un païen, cela signifie qu'il peut être reconnu par la terre entière : « *Vraiment cet*

36. Mc 14, 34.
37. Mc 14,33.
38. Mc 14, 39.
39. Mc 14, 36.
40. Mc 15, 34.

homme était Fils de Dieu »[41]. Pour confirmer que cet acte de foi surprenant concerne tous les hommes et non plus seulement le peuple juif, Marc rapporte que « *le voile du sanctuaire se déchira en deux de haut en bas* »[42].

Cela nous interroge ! **C'est quand Jésus est au bout de son échec sur une croix que les hommes reconnaissent en lui le Fils de Dieu** ! Qui est ce Fils ? Qui est ce Dieu ? Peut-il « abandonner » ainsi son Fils ? Peut-il laisser échouer la mission par laquelle il communiquait aux hommes son amour de toujours ?

L'« ABANDONNE » DE DIEU ?

Que fait Dieu ? Où est-il ? Nous connaissons bien ces plaintes très humaines. C'est le cri des croyants de la Bible affrontés à la question du mal inexplicable et de la souffrance. C'est celui des premières communautés chrétiennes affrontées à la difficulté de croire. C'est aussi le nôtre devant tout ce qui détruit nos vies d'hommes : la mort, la maladie, le chômage, la guerre..., fruits de l'absurde et du hasard, fruits aussi du péché. C'est la question de nos contemporains non croyants.

C'est le ricanement des soldats au pied de la croix : Qu'attend donc son Dieu pour venir le délivrer ? Il semble bien absent en ces lieux. Au sujet de Jésus capable d'accomplir tant de « miracles », ils ajoutent : « *Il en a sauvé d'autres. Qu'il se sauve lui-même, s'il est le Messie de Dieu, l'Elu* »[43] « *pour que nous voyions et que nous croyions* »[44].

Le malfaiteur crucifié à ses côtés exprime bien ce qui passe dans nos têtes d'hommes : « *Sauve-toi toi-même et nous aussi* »[45]. Nous sommes souvent en attente d'un Dieu enfin « efficace », enfin capable par des gestes de « puissance » d'obtenir notre adhésion.

41. Mc 15, 39.
42. Mc 15, 38. Voir chapitre 3, le système du Temple.
43. Lc 23, 35.
44. Mc 15, 32.
45. Lc 23, 39.

Voilà le dernier signe réclamé à Jésus, afin de prouver aux hommes sa divinité et sa filiation. Dernière tentation... Lui aussi, on l'a vu, ose demander : « *A toi Père tout est possible* »[46]. Sur la croix, il laisse même échapper un grand cri vers ce Père qui semble bien silencieux.

Va-t-il prouver sa filiation par la puissance ? Non. Il meurt en croix. Quel signe donne-t-il donc pour que le centurion païen le reconnaisse Fils de Dieu ?

QUEL FILS ?

• Un « oui » de Fils.

Jésus donne un signe ; mais dans la ligne de sa vie, il donne celui qu'il a toujours exigé de ces hommes et femmes qu'il remettait debout : **un signe de confiance** ! Rappelons-nous : aux malades qu'il guérissait, il disait : « *Va, ta foi t'a sauvé* », c'est ta confiance qui te remet debout, c'est elle qui accomplit des miracles dans ta vie. C'est cette même confiance en son Père qui, pour les témoins incrédules de la croix, manifeste la fidélité et la filiation de Jésus.

Dans la pire expérience de la solitude, **il désire se relier à Dieu son Père**. Pour cela, il ne cesse de le prier, afin de ne pas s'en couper. Ses disciples, eux, s'en sont coupés en dormant[47]. Tiraillé entre la tentation du « non » et le risque du « oui », il exprime sa fidélité à son Père : « *Pourtant pas ce que je veux mais ce que Tu veux* »[48]. Sur la croix, il crie son humanité déchirée par ce choix d'homme[49], mais en même temps il crie son espoir et sa confiance : « *Père, entre tes mains, je remets mon esprit* »[50] . C'est la prière d'un enfant à son père. Il ose même l'appeler « Abba » c'est-à-dire « papa », ce que ne fait aucun Juif (Voir encadré).

---

46. Mc 14, 36
47. Voir Mc 14, 32-42.
48. Mc 14, 36.
49. Voir Mc 14, 36.
50. Lc 23, 46.

Sa fidélité à son Père est en même temps fidélité à ses frères. C'est pour eux, par amour pour eux et pour nous tous, qu'il accepte cette mort qu'il n'a pas voulue.

Dieu Père.

Les expressions permettant de comprendre Dieu comme Père sont fréquentes dans la Bible.

Dans l'Ancien Testament, le peuple de Dieu est considéré comme fils (Dt 14,1) ; Le Messie Roi est déclaré fils par Dieu (Ps 2, 7). Prier Dieu comme « notre Père » (le père du peuple) existait dans le judaïsme.

Dans l'Évangile, certains textes situant Jésus comme fils semblent bien de la bouche de Jésus.

La parabole des vignerons homicides indique qu'après avoir envoyé des messagers (les prophètes), le Maître envoie son fils (Mc 12, 6).

Il y a surtout une phrase que les premiers disciples n'auraient jamais osé forger parce qu'elle semble aller contre la foi en Jésus : *« Cette heure (l'heure du jugement), nul ne la connait, ni les anges, ni le Fils, personne sinon le Père »* (Mc 13, 32). Jésus ne connait pas l'heure du jugement ; il est donc bien un homme, il ne fait pas semblant. Pourtant, il se désigne comme le Fils lié au Père par une relation unique.

En Mt 11, 27 **Jésus se situe encore comme le Fils, seul capable de révéler le Père :** *« Tout m'a été remis par mon Père. Nul ne connait le Fils si ce n'est le Père et nul ne connait le Père si ce n'est le Fils et celui à qui le Fils veut bien le révéler »* (Voir Lc 10, 21-22). Plusieurs fois, Jésus parle de *« mon Père »* (Lc 22, 29 ; Mt 16, 17).

D'après les exégètes, toutes ces phrases sont très anciennes, bien antérieures à la rédaction des évangiles. Mais le plus surprenant est cette expression « **Abba** », « **Papa** » que Jésus utilise dans son agonie (Mc 14, 36). Ce mot est celui qu'emploient les petits enfants. « Il désigne le propre père de celui qui parle. Jamais il ne désigne Dieu dans les prières juives » (Note de la TOB).

Ce mot sera repris dans la prière des premiers chrétiens : Par l'Esprit *« Nous crions Abba, Père »* (Rm 8, 15). Une pareille audace ne peut venir que de Dieu. *« Fils, vous l'êtes bien : Dieu a envoyé dans vos coeurs l'Esprit de son Fils qui crie : Abba, Père ! »* (Ga 4, 6).

• Un « oui » de frère.

Sur la croix, il reste l'**homme de liens** qu'il a été toute sa vie.

Il dialogue avec les larrons[51] et à celui qui lui manifeste sa confiance, il promet la Vie : - « *Jésus, souviens-toi de moi quand tu viendras comme roi* » - « *En vérité, je te le dis, aujourd'hui tu seras avec moi dans le paradis* »[52].

Il a même souci de ses bourreaux. Il se lie à eux par le pardon qu'il implore auprès du Père : « *Père pardonne-leur, ils ne savent pas ce qu'ils font* »[53].

Avant d'expirer, il a le souci des siens et de l'avenir. Il confie sa mère[54] à Jean et Jean à sa mère. Ce sont eux qui construiront l'Eglise avec l'Esprit qu'il remet (Voir encadré).

C'est cette double fidélité qui signe la filiation de Jésus.

Jésus remet l'Esprit (Jn 19, 25-30).

« *Inclinant la tête, il remit l'esprit* » (Jn 19, 30). Cette expression a double sens.

Au sens courant, elle signifie que Jésus rend son dernier souffle. Jusqu'au bout, il a gardé maîtrise de sa vie, au service de sa mission. Librement, de lui-même, « inclinant la tête », il la donne.

En même temps, Jean veut suggérer que par sa mort en croix, **Jésus transmet son Esprit au monde.** Il le lui livre, il le lui remet, il lui en fait don, afin que désormais l'Esprit achève son oeuvre.

Ce sera la tâche de la petite communauté, témoin du drame, rassemblée au pied de la croix. Là, se trouvent sa mère et quelques femmes, symboles des enfants d'Israël qui, restés fidèles, ont su discerner le sens de la croix de Jésus. A leurs côtés se tient « le disciple bien-aimé », celui que Jésus a choisi : témoin des épisodes

.../...

51. Ce sont deux malfaiteurs crucifiés en même temps que lui.
52. Lc 23, 42-43.
53. Lc 23, 34.
54. Voir Jn 19, 25-30.

décisifs, il n'a pas fui dans l'épreuve, il a percé rapidement le secret du drame et est resté croyant, malgré le scandale de la croix. Il est le symbole de cette nouvelle génération de disciples, née de la croix, que Jésus appelle. Pour Jean en effet, le vrai croyant, c'est celui qui, par amour des autres, accepte la croix à la suite du Christ. Par là seulement, il peut comprendre la mission de Jésus et accéder à la connaissance de Dieu. Par là, sa route peut devenir une route de vie.

C'est sur cette route que Jésus, sur le point de mourir, institue et envoie sa toute première communauté. Chaque partenaire est ainsi invité à reconnaître l'autre et à l'accueillir : – *« Femme, voici ton fils »* dit-il à sa mère, puis : – *« Voici ta mère »* dit-il au disciple. C'est à eux qu'il confie le message de la croix. Alors, il leur remet le souffle de Dieu son Père, afin qu'ensemble et avec leurs frères, ils deviennent la demeure de l'Esprit dans le monde. **Telle est désormais la mission de l'Eglise.**

Oui mais la mort de Jésus reste un scandale ! Le mal dans notre monde reste un scandale. Que fait Dieu ?

Dieu se tait... Durant la passion, sur la croix, sur nos croix d'aujourd'hui, il semble « absent ». Il est déroutant au point que Jésus pleure le « silence » de son Père, comme nous, nous le pleurons. Pourtant, Dieu est là. Pour nous l'expliquer, Luc place un ange près de Jésus, signe de la tendresse du Père.

Ceux qui ont fait l'expérience d'Auschwitz, ceux qui font l'expérience de la souffrance, connaissent bien le « silence » de Dieu (Voir encadré). Notre Dieu est un silencieux, un discret. S'il faisait autre chose, s'il agissait en justicier, il ne serait pas le Dieu manifesté par la vie de Jésus. Alors, qui est-il ? Jean écrit : *« Le Fils ne fait rien de lui-même, rien qu'il ne voie faire au Père »*[55]. Cela signifie donc que tout geste de Jésus, ceux de sa vie, comme celui de sa mort, doivent être regardés comme un geste du Père. En Jésus crucifié, Dieu voudrait être reconnu. Mais qui est-il ce Dieu qui, ayant aimé le monde, lui a donné son Fils unique pour que le monde ait la Vie[56] ? Comment croire en un Dieu qui livre son Fils ? Peut-il être dit Père, notre Père ?

55. Jn 5, 19.
56. Voir Jn 3, 16.

Où est Dieu ?

« Les SS pendirent deux Juifs et un adolescent devant les hommes du camp rassemblés. Les hommes moururent rapidement, l'agonie de l'adolescent dura une demi-heure. "*Où est Dieu ? Où est-il ?*" demanda quelqu'un derrière moi. Comme l'adolescent se débattait encore au bout de la corde, j'entendis l'homme appeler à nouveau : "*Où est Dieu maintenant ?*" Et j'entendis une voix répondre en moi : "*Où est-il? Il est ici... Il est pendu au gibet...*"

Toute autre réponse serait un blasphème. Il ne peut y avoir d'autre réponse chrétienne à la question posée par cette torture. Parler ici d'un Dieu incapable de souffrir ferait de Dieu un démon. Parler ici d'un Dieu absolu ferait de Dieu le néant destructeur. Parler ici d'un Dieu indifférent condamnerait l'homme à l'indifférence.

La réflexion théologique doit tirer les conséquences de telles expériences de la souffrance de Dieu dans l'inexplicable souffrance humaine ».

J. Moltmann, Le Dieu crucifié, Cerf, 1974, p. 319. Le premier paragraphe est une citation de **E. Wiesel**, Night, 1969, p.75-76.

QUEL DIEU ? QUEL PÈRE ?

Tel qu'on le découvre à travers Jésus, Dieu n'est pas celui dont nous rêverions...

• Pas un Dieu tout puissant au-dessus du monde...

De tout temps, ce Jésus Fils de Dieu en croix et plus généralement la question du mal et de la mort ont gêné les hommes dans leur foi et dans leur raisonnement. **La croix contredit tellement l'image que nous nous faisons de Dieu !** Elle heurte très fort nos schémas religieux et intellectuels. Depuis l'antiquité et au-delà dans l'histoire, les croyants nourris de philosophie grecque, ont du mal à penser Dieu à partir de Jésus mourant sur la croix. Nous sommes toujours tentés de le penser indépendamment de Jésus : nous construisons son image selon notre rêve et notre désir. Ainsi, pour beaucoup de traditions religieuses et dans la tête de beaucoup de gens, Dieu ne peut qu'être dit supérieur, au-dessus de nous, tout-puissant, hors du monde, donc impassible, justicier et garant de l'ordre.

Mais cette idée de Dieu peut-elle tenir devant Jésus en croix ? Ne conduit-elle pas à sa négation ou à la révolte ? Pourquoi ce Dieu interventionniste qu'on dit « amour » ne peut-il empêcher la souffrance absurde ? Pour beaucoup, c'est la preuve qu'il n'existe pas (Voir encadré). Si nous partons d'une idée de Dieu, d'une image de Dieu construite par notre raison pour combler nos manques ou couronner nos rêves, Dieu et la souffrance, Dieu et la croix de Jésus se contrediront toujours.

Dieu et le mal, deux types de réactions :

« Quand même cette immense fabrique (le monde) apporterait les plus extraordinaires merveilles et ne coûterait qu'une seule larme d'un seul enfant, moi je refuse. »

« Figure-toi qu'en définitive, ce monde de Dieu, je ne l'accepte pas, et quoique je sache qu'il existe, je ne l'admets pas. Ce n'est pas Dieu que je repousse, note bien, mais la création, voilà ce que je me refuse à admettre ».

Dostoiewski, Les frères Karamazov.

Un prêtre, le jésuite Paneloux, et un médecin Rieux discutent, et Rieux explose à la suite de la mort d'un enfant : « Non, mon Père, dit-il. Je me fais une autre idée de l'amour. Et je refuserai jusqu'à la mort d'aimer cette création où les enfants sont torturés ».

A. Camus, la Peste.

« Toutes les réponses de type explicatif me laissaient sur ma faim.

Si Dieu n'avait rien d'autre à me dire sur sa création boiteuse, s'il se désintéressait momentanément (je veux dire, jusqu'à l'heure de la résurrection) de la souffrance humaine, s'il l'admettait, pourquoi ne pas me désintéresser de lui ?

... /...

Mais je n'ai pas pu me désintéresser de lui. Parce que, je le crois fondamentalement, Dieu ne se désintéresse pas de la souffrance humaine. Je crois même qu'il la déteste et qu'elle lui répugne bien plus qu'elle ne peut répugner à aucun de nous. Cette certitude me vient de Jésus-Christ. Parce qu'il s'est identifié à l'affamé, au malade, à l'homme en prison, et qu'il a appelé les hommes à lutter contre leur souffrance : *"ce que vous avez fait au plus petit d'entre mes frères, c'est à moi que vous l'avez fait"*. Parce qu'il a voulu prendre, littéralement, la place de Job et connaître le fond de la détresse jusqu'à en crier d'angoisse : *"Mon Dieu, pourquoi m'as-tu abandonné ?"*. Parce qu'il est venu proposer à l'humanité le chemin d'une Vie plus forte que toute douleur ou toute mort. Cela ne justifie rien du tout, n'explique rien non plus. Cela n'explique pas que Dieu tolère cette souffrance. Mais cela m'assure qu'il la déteste autant et plus que moi. Et cela m'interdit de me détourner de lui. C'est tout. »

Eliane Gondinet.

Or Jésus dit : « ***Celui qui m'a vu a vu le Père*** »[57]. Veut-il signifier que nous ne savons rien du Fils ni du Père si ce n'est en regardant **Jésus dans toute sa vie, passion et mort comprises, et aussi bien sûr dans sa résurrection**[58] ? Nous voilà donc appelés à réviser radicalement notre compréhension de Dieu, à abandonner définitivement l'idée que nous nous faisons de lui pour nous mettre en mouvement vers lui à partir de son Fils.

• Dieu se compromet en Jésus dans l'histoire souffrante des hommes.

C'est pour rejoindre les hommes que Dieu a choisi de se révéler à travers Jésus. Comment ? **Il a écarté tout ce qui aurait pu nous impressionner ou nous éblouir.** Il a refusé la richesse : Jésus son Fils est né dans une mangeoire. Il a dédaigné le prestige : Jésus entre à Jérusalem sur un simple ânon, son tapis royal est fait de palmes ; il se compromet avec des exclus sociaux. Il

57. Jn 14, 9.
58. Voir Chapitre 6.

n'a utilisé ni le pouvoir ni la force : Jésus ne libère pas son peuple de l'occupation romaine ; il ne descend pas de sa croix comme on l'invite à le faire ; il reste pieds et poings liés.

A travers Jésus, Dieu apparait démuni : un bébé né dans une étable, un pendu au bois. Mais à travers lui, il nous apparaît comme quelqu'un qui sert la vie, qui souffre avec les hommes.

Alors, à quoi sert Dieu s'il n'a pas de « pouvoir » ? Aimer les hommes et les abandonner, n'est-ce pas paradoxal ?

◀

Dieu est pour nous déroutant. Mais ne sommes-nous pas tout aussi déroutants quand nous laissons nos enfants faire leurs expériences, fussent-elles catastrophiques à nos yeux ? Ne restons-nous pas « proches » et très aimants, tout en semblant être « loin » et en les laissant libres ? Pour nous cela est souffrance, mais pour nos enfants cela est fécond et même vital. Ne faut-il pas comprendre le Père de Jésus un peu comme cela ?

Pour se révéler amour, Dieu a souffert la mort de son Fils. Il a souffert en silencieux, pas en absent, pas en apathique. Ce serait contradictoire avec tout le message délivré par les actes et paroles de Jésus. S'il se remet avec confiance dans les mains de son Père, c'est parce qu'il croit que celui-ci, même silencieux, reste son Père et qu'avec lui il est impliqué dans cette passion. Ce Dieu qui laisse crucifier Jésus apparaît lui-même « crucifié » pour que tout homme vive, pour que nous vivions tous avec lui, pour qu'à la suite de Jésus nous devenions ses fils pour toujours.

Ainsi, pour que nous vivions, Dieu souffre en Jésus la mort sur la croix ; il souffre l'échec apparemment total de la mission de son Fils ; il souffre les clous, la flagellation, l'incompréhension du peuple élu et celle des disciples. Il souffre de ne pouvoir rien faire, comme nous souffrons nous-mêmes de ne pouvoir rien faire quand un être cher meurt. En Jésus, Dieu apparaît lui-même un humilié, un crucifié, un rejeté.

C'est parce qu'il a voulu se révéler proche qu'il a partagé la condition de l'homme. Il a pris le corps d'un condamné à mort. Il est allé jusque-là. Il a rejoint les hommes jusque dans leur péché et leur tragique. Placé au bout du drame par leur folie, Jésus est plus que jamais le signe d'une tendresse de Dieu qui n'a pas de limites ! Notre Dieu n'est pas impassible au dessus de nous, il est parmi nous, un Père proche de tous les « abandonnés », de nous tous. Il habite notre souffrance ; à travers Jésus, il la prend sur lui. Là est sa force, là est son efficacité.

Mais la croix ne nous révèle pas tout de Dieu. Pour le connaître, il faut regarder toute la vie de Jésus. Quant à sa mort, non seulement elle ne contredit pas Dieu, mais elle le dit : elle révèle son être intime tout en le laissant caché, tout autre. Jésus lui-même ne connaissait pas tout de son Père[59]. C'est en partie et peu à peu au cours de sa mission, qu'il l'a découvert. Acceptons qu'il en soit de même pour nous car comme disait Luther, « Notre Dieu reste un Dieu caché ». Il n'entre pas dans nos modèles humains trop étroits. Il est libre à l'égard de ces modèles.

La croix, ce signe de mort scandaleux, reste pourtant le seul signe des chrétiens. Notre foi, « scandale et folie » peut-elle être crédible ? Comment croire en un Dieu crucifié ?

CROIRE EN UN CRUCIFIE ?

En nous révélant quelques traits du visage de Dieu, la croix nous révèle aussi qui nous sommes pour lui.

QUI SOMMES-NOUS POUR DIEU ? DES RESPONSABLES.

Comme Jésus l'a été, ne sommes-nous pas des gens libres, responsables, capables de dire « oui » ou « non » ? Dieu a cru en son Fils. Dieu croit en nous. Il nous fait confiance, au point de nous croire capables de chercher des solutions d'hommes à la souffrance des hommes, avec notre coeur et notre intelligence. Sa « toute-puis-

59. Il dit de la fin du monde : « *Ce jour ou cette heure, personne ne les connait, ni les anges du ciel, ni le Fils, personne sinon le Père* » Mc 13,32.

sance » ne nous écrase pas, **elle nous grandit, elle nous donne notre liberté.** Telle est l'expérience de ceux qui font de Jésus leur compagnon de route.

La croix nous rappelle bien cela : notre liberté de dire « oui » ou « non » n'est pas un piège comme le pensent certains ; elle est un don, un cadeau de Dieu. Qu'en faisons-nous? Sommes-nous en mouvement, entrainés malgré nos souffrances et nos limites à devenir plus libres et plus responsables en ce monde ?

Nos croix restent cependant un mal radical, difficile à combattre. Notre foi, nos doutes et nos questions sont marqués par notre expérience de « paumés » et d'« abandonnés » devant la souffrance des hommes et devant notre propre souffrance. Alors, qu'attendre de Dieu ?

QU'ATTENDRE DE DIEU ? QU'IL NOUS AIME.

Le mal existe, il est réel. Dieu n'en clarifie pas du tout l'origine ni ne répond à notre lancinante question d'hommes : pourquoi la souffrance ? Il ne cherche pas non plus à la dissiper par magie. Comme Jésus, comme tout homme, il est pris au dépourvu par le mal. En fait, il semble un peu « inutile », les athées n'ont pas totalement tort. Nous, nous attendrions des preuves de son existence, dans son « énergie », nous en ferions bien un « remède à tout ». Or, lui, **il n'a qu'une réponse à la souffrance et, c'est en cela qu'il nous dépasse : l'excès d'amour !** Chez lui, c'est l'amour qui est tout-puissant (Voir encadré). En engageant la vie et la mort de son Fils bien-aimé contre le mal, il manifeste que sa seule « puissance » est d'aimer et de nous aimer. Ne sommes-nous pas invités à nous laisser aimer de lui, comme l'a fait Jésus, pour que cet amour nous transforme à notre tour ?

L'espérance de Pascale.

« Mes convictions semblent toujours tomber quand ça tourne mal, ce qui me fait creuser ce que peut être aujourd'hui mon espérance, notre espérance, dans l'échec, l'angoisse, le ras-le-bol.

L'espérance, ce n'est pas l'optimisme ! Est-ce qu'elle peut exister contre toute espérance ? contre toute certitude ? Quand la lutte n'est plus évidente, quand Dieu même ne paraît pas évident du tout. On aimerait tant une victoire définitive ! Un Dieu qui ne déçoit plus ! Un Dieu qui ne s'absente plus ! Des luttes qui brillent, des copains qui poussent, que nous, nous échappions à la souffrance et à l'échec !

Alors, ma recherche dans ce brouillard est celle de Jésus-Christ qui dans toute sa vie d'homme a vécu profondément l'échec, parce qu'il n'était pas compris, parce qu'il décevait. Un Jésus-Christ qui est mort d'amour. Et c'est là que je vois un peu d'espérance, dans l'échec. Parce que dans nos échecs, beaucoup d'amour se vit, se partage ; parce que Jésus-Christ est allé jusqu'au bout de l'échec (la croix) et que, par Lui, il nous fait contempler son Père qui meurt d'amour. La seule puissance de Dieu, c'est qu'il continue à aimer, qu'il veille, peut-être même lorsque le grain depuis trop longtemps en terre n'arrive plus à germer, même lorsque la sève est encore endormie, puisqu'après ces ruptures, ces sommeils, ces mises au tombeau, il est encore là !.. pour aimer et faire vivre. Ce Dieu-là, bien loin du Dieu "remède à tout" que j'aimerais parfois, m'époustoufle !

Mon espérance, c'est qu'il est là, toujours, même lorsque tout paraît foutu, même quand on le trahit. Il y a quand même un brin de vie qui jaillit. C'est cela un ami !.. quelqu'un en qui on croit, même lorsqu'il s'absente très longtemps... même lorsqu'il laisse tout rater. Un ami arrive toujours à temps à notre rencontre.

Chercher le Christ, c'est se laisser chercher par lui, jusqu'au bout, jusqu'à ce qu'il vienne, même quand on n'y comprend plus rien. Se laisser chercher par lui, dans tous nos échecs. Pas seulement le chanter dans nos réussites humaines. Ma prière serait celle-là, très courte : Cherche-nous, on T'attend ».

Pascale.

Sur sa croix, Jésus angoisse et appelle le Père. Comme dans nos propres croix, Dieu est à la fois ce proche et ce présent, ce silencieux et cet absent. Nous en faisons l'expérience. Dans cette épreuve, Jésus nous montre un chemin : il fait confiance dans la nuit noire. Certes, son « Abba, Père » ne gomme pas sa souffrance. Mais il le maintient en lien avec lui. C'est cela qui le rend libre. C'est cela qui le fait « tenir ». A sa suite, saurons-nous nous accepter démunis, non totalement maîtres de notre histoire et de nos luttes ? **Nous laisserons-nous « emmener » par Dieu**, dans le silence et dans la foi un peu nue ?

A notre tour, c'est **en ouvrant nos mains vides** de souffrants que nous resterons très humains. L'arme du disciple, ce n'est pas la force. La « faiblesse » apparente de l'amour est force autrement. La main de Dieu est toujours tendue à la rencontre de la nôtre pour nous relever. N'est-ce pas la nôtre qui est ailleurs ? Aimer les mains vides et les mains ouvertes, n'est-ce pas aimer ?

Mais il s'agit aussi de **lutter contre le mal, mains liées** à celles de nos frères, quels qu'ils soient. « Il nous faut vivre dans ce monde comme s'il n'y avait pas Dieu, vivre en hommes tout court, en la seule compagnie du crucifié, au côté des hommes »[60]. Notre liberté et notre responsabilité sont pleinement engagées contre toutes formes de souffrances. Nos frères n'auront conscience que le Père lutte et souffre avec eux qu'à travers nos gestes significatifs, des gestes qui expriment sa tendresse. Jésus nous a montré ce chemin par toute sa vie. Pour nous aussi c'est un combat dur, mais malgré les limites et la dureté de la lutte, croyons-nous qu'il fait germer quelque chose de ce Royaume de Dieu déjà inauguré ?

Certes, la foi n'est pas solution à tous nos drames. Cependant des croyants témoignent qu'à travers leurs échecs et leurs souffrances, des fleurs poussent et des grains germent malgré tout ; ils disent que l'expérience de la nudité a fait d'eux des **hommes nouveaux**. Reconnaître cela n'est pas justifier la souffrance ni lui donner sens ; celle-ci reste le scandale de l'existence humaine, comme elle l'a été pour Jésus. Mais ils manifestent que dans le pire, Dieu est encore capable de faire naître la vie et de se faire rencontrer comme Père d'une grande tendresse. Des chrétiens affrontés à cette expé-

60. D. Bonhoeffer.

rience paradoxale le disent ; ils ne peuvent taire que Dieu est réellement celui qui permet de renaître (Voir encadré).

Je crois.

« Je dis oui à la vie chaque fois que je rencontre
des gens écrasés par la maladie, la mort,
des séparations dans mon travail.
Cette souffrance devient présence de Dieu, crucifié.
Oui, Seigneur, je crois, malgré tant de nuits.
Ta force remet les gens debout ».
Marcel.

Pourtant, la croix semble signifier le contraire ! Non seulement elle signe l'échec de Jésus, mais elle signe l'échec de l'amour en ce monde. Si Jésus s'est trompé, s'il a été désavoué dans ses actes et ses paroles, alors nous sommes atteints dans notre confiance en l'amour plus fort que la mort et dans notre espérance en un monde autre possible...

Dieu va-t-il lever le doute ? Va-t-il montrer qu'il était là, silencieux, en attendant de se manifester ? L'« abandon » ne serait-il qu'une étape provisoire ?

Chapitre 6

LE CRUCIFIÉ RESSUSCITÉ.

Au cri de Jésus mourant dans l'humiliation et la solitude, se met à faire écho dans le pays un formidable cri de joie. Il se propage et se proclame de bouche à oreille puis dans toutes les langues, mais cela prend des années. Alors que toutes « *les portes étaient fermées* », alors que les coeurs s'étaient rétrécis, alors que les larmes avaient noyé la confiance et la mémoire de ses disciples, alors que leurs yeux ne savaient plus voir, Jésus vivant a surgi à nouveau dans leur vie. Après le doute et l'étonnement, c'est le cri de la foi :

« Israëlites, écoutez ces paroles. Jésus le Nazaréen, cet homme que Dieu avait accrédité auprès de vous, en opérant par lui des miracles, des prodiges et des signes au milieu de vous, comme

vous le savez, cet homme... vous l'avez livré et supprimé en le faisant crucifier par la main des impies[1]. ***Mais Dieu l'a ressuscité en le délivrant des douleurs de la mort car il n'était pas possible que la mort le tienne en son pouvoir*** ».

Oui, Jésus est vivant ! Dieu son Père a cassé son faux procès et disqualifié les accusations de blasphème : il a rétabli ses actes et ses paroles dans leur vérité et dans leur lumière. Parce que Jésus est son Fils et par amour des hommes, il a placé Jésus vivant auprès de lui ; il l'a placé vivant dans le coeur de tous par son Esprit, afin qu'à la suite de Jésus, ils se mettent en mouvement vers lui. Par lui, la vie sera désormais victorieuse de la mort et la vérité victorieuse du mensonge[2]. Voilà ce qui leur est révélé.

UNE RÉVÉLATION...

UNE QUESTION POSÉE.

Une formidable espérance se lève. Mais parce que le coeur de l'homme est lent à croire, le doute et les questions le harcèlent : **Jésus est-il bien ressuscité ?** Telle est la question décisive qui tenaille les hommes depuis l'an trente.

1. Ac 2, 22-24. Voir note 1 de la TOB : Impies désigne les païens.
2. Voir Chapitre 7.

Cette question oblige **le croyant** d'aujourd'hui à réfléchir sa foi et à la formuler : affirmer que, pour cet homme Jésus, la mort a été vaincue par son Père, c'est dire qu'à jamais il vit, et qu'à jamais il est présent, quoique physiquement absent. C'est reconnaître que cela peut concerner nos vies d'aujourd'hui et l'histoire des hommes, jusqu'à la fin des temps[3]. Mais n'est-ce pas audacieux ? Est-ce même crédible ?

Cette même question invite **l'incroyant** à se positionner et peut-être bien à se préciser le sens qu'il entend donner à sa vie. Y aurait-il après la mort une existence qu'on appelle « ciel » ? Comment le « savoir » ? Quelles preuves les chrétiens donnent-ils ?

Sur une route proche de Jérusalem, peu après les « événements », deux hommes discutent justement de cela. Déçus et attristés par la mort de « *Celui qui allait délivrer Israël* »[4], ils voudraient bien savoir si ce qu'on raconte est vrai. Mais comment savoir ? On leur a dit que des femmes venues au tombeau pour embaumer le corps ne l'ont pas trouvé. « *Elles ont même eu la vision d'anges*[5] *qui le déclarent vivant. Quelques-uns des compagnons sont allés au tombeau et ce qu'ils ont trouvé était conforme à ce que les femmes avaient dit. Mais lui Jésus, ils ne l'ont pas vu* »[6]. Pour avoir transmis cette annonce incroyable, les femmes sont prises pour des folles[7]. Alors qu'ils s'interrogent ainsi, « *Jésus lui-même les rejoignit et fit route avec eux, mais leurs yeux étaient empêchés de le reconnaître* »[8].

Telle est notre situation de croyant aujourd'hui. Comment avoir les yeux assez ouverts pour le reconnaître, sans pour autant nier notre raison ? Comment être saisis par cet enthousiasme qui depuis deux mille ans fait proclamer à l'Eglise : **Christ est ressuscité** !

Ça vaut le coup de nous mettre à l'écoute de ces hommes qui, en quelques pages d'évangile, ont raconté toute la foi des premiers témoins. Ça vaut le coup

3. Voir Chapitre 7.
4. Lc 24, 31.
5. Les « anges » sont les messagers de Dieu, ils expriment que c'est Dieu qui parle.
6. Lc 24, 22-24.
7. Voir Lc 24, 11.
8. Lc 24, 16.

d'entrer dans leur langage et de le comprendre, afin de savoir de quoi ils parlent et de quoi nous parlons à leur suite. Ça vaut le coup parce que le sens de notre vie y est engagé.

UNE RÉVÉLATION DE DIEU A ACCUEILLIR DANS LA FOI.

Mais lire le Nouveau Testament n'est jamais chose simple. Nous l'avons peut-être expérimenté durant ce parcours. Pour ce qui concerne la résurrection de Jésus et ses « apparitions », les récits nous déroutent. Non familiarisés avec le langage imagé du Nouveau Testament et déconcertés par la divergence des écrits, nous ne savons plus bien comment les lire ni que croire. Plus habitués aussi au style du roman policier qu'à celui des évangiles, nous voilà frustrés : aucun indice, aucun détail susceptible de nous faire « mener l'enquête » ne nous est livré. Ces récits nous parlent tous de ce qui s'est passé avant et après la résurrection. Avant, Jésus crucifié est mis dans le tombeau. Après, un jeune homme, ou deux hommes, ou un ange, selon les évangélistes, viennent annoncer que ce Jésus n'est plus là. Mais rien n'est dit sur le moment même de la résurrection. Aucune réflexion sur le déroulement des événements n'est proposée non plus.

Comment peut-on croire sans rien savoir de l'événement lui-même ?

◀

C'est justement la question de Thomas, incrédule, réclamant de mettre son doigt sur les plaies de Jésus, afin de vérifier son identité[9]. Nous ressemblons bien à Thomas, nous aimerions des preuves scientifiques ! Or, dans leurs récits, **les évangélistes ne donnent pas de telles preuves de la résurrection.** N'en cherchons donc pas. Ce n'est pas du tout leur objet. La foi en la résurrection du crucifié ne peut venir au terme d'une enquête « policière » ni du seul raisonnement humain. Ils n'écrivent pas en enquêteurs mais en témoins : quelque chose est arrivé aux amis proches de Jésus et cela leur est

9. Voir Jn 20, 24-29.

apparu inimaginable. Ceux-ci se sont fait traiter de buveurs de vin doux[10]. Mais ils ont affirmé qu'ils n'avaient pas rêvé. Ils ont rencontré le Seigneur Vivant et les évangélistes sont témoins que cela les a radicalement changés. Ils veulent le proclamer à leur tour : « Oui, Jésus est ressuscité. Notre foi est tellement peu un rêve, que certains, que nous connaissons bien, ont accepté de changer leur façon de vivre, de croire et de penser, jusqu'à affronter la persécution. Cela ne peut vous laisser indifférents »...

On parle de « mystère pascal ». Est-ce pour refuser toute approche un peu rationnelle de ces événements ?

Quand nous parlons de « mystère » dans la vie courante, nous pensons à quelque chose de précieux qui doit rester secret. Or, l'Eglise ne cache pas ce « précieux » secret, elle le proclame largement ! On pense aussi à quelque chose qu'on ne peut expliquer totalement, qui échappe à notre logique. Le « mystère » pascal fait alors sourire ceux qui ne vivent qu'à coup de faits scientifiquement prouvés. Or, nous l'avons déjà dit, pouvons-nous vivre humainement ainsi ? Tout ce qui est du domaine de l'amour peut-il être « prouvé » ? Pouvons-nous prouver que Jésus n'est pas ressuscité ? Pas davantage que nous ne pouvons prouver la résurrection.

Parler de mystère pascal, c'est alors reconnaître que **l'événement de Pâque a un sens caché, profond, c'est-à-dire un sens bien réel, qui fait signe.** Se laisser atteindre par la question de la résurrection, c'est alors se laisser interroger par le mystère de notre vie : tient-elle debout ? A-t-elle un sens ? A nous de nous laisser atteindre par ce mystère, le coeur ouvert. La communication du ressuscité avec les siens ne s'est pas imposée aux disciples, elle a été offerte à leur libre décision. Ce sont les yeux de la foi qui l'ont reconnu.

Faut-il renoncer pour autant à tout expliquer ?

Parce que ce mystère nous dépasse, il faut accepter de ne pas tout comprendre. Reprenons le texte parlant du Tombeau vide découvert par les femmes venues l'embaumer[11]. Le centre du texte n'est pas le tombeau

10. Voir Ac 2, 13.
11. Voir Mc 16, 1-8. Voir encadré au chapitre 1.

ouvert ; il est dans la révélation faite aux femmes : « *...le crucifié : il est ressuscité... ; allez dire à ses disciples et à Pierre : il vous précède en Galilée ; c'est là que vous le verrez* »[12]. Cette révélation inouïe ne peut venir de l'imagination des femmes. Marc souligne même qu'effrayées, elles s'enfuient. Cela renverse tellement leur attente : venues pour embaumer un mort, elles doivent aller retrouver ce même homme, vivant, en Galilée, porteuses d'un message pour les disciples. **C'est un mystère qui vient donc d'ailleurs**. La réponse à ce mystère de Pâque est mise dans la bouche d'un jeune homme en blanc. Cette image de Marc, fréquente dans l'Ecriture, signifie : il n'y a pas de réponse humaine à ce mystère. Ni les sens, ni le raisonnement humain ne peuvent en faire le tour. **Seul Dieu, par le jeune homme en blanc, peut donner la bonne interprétation du tombeau ouvert.** Lui seul peut éclairer les femmes sur le vrai sens de l'absence du cadavre de Jésus. C'est lui qui leur donne sa parole : Jésus crucifié est bien vivant ; et c'est cette parole de Dieu que les femmes, les disciples, les premiers croyants et nous en Eglise sommes invités à accueillir dans la foi.

Mais parce que cette révélation venue de Dieu est le centre de notre foi, nous n'avons pas le droit de nous passer de notre intelligence. Il nous faut saisir ce qu'elle signifie et à quoi elle nous engage. Sinon, comment pourrions-nous adhérer de façon libre et consciente à ce qui donne le plus de sens à notre existence ?

N'est-ce pas dans cet esprit, avec notre coeur et notre intelligence réunis, que nous accueillons les Ecritures comme des témoignages de foi et que nous les travaillons, afin de croire et de comprendre ?

UNE RÉVÉLATION RECUE DE TÉMOINS.

Puisque notre foi en Christ ressuscité repose sur des témoignages, en voici quelques-uns : tout d'abord celui de Paul, cet ancien persécuteur des chrétiens. Son témoignage a grand prix pour nous car Paul relate lui-même ce qu'il a vécu d'exceptionnel, quinze ans plus tôt. Il le fait avec discrétion mais ce qu'il en dit nous permet de le rejoindre sur le vif, dans l'expérience unique qu'il

12. Mc 16, 6-7.

nous raconte : Jésus lui est « apparu », à lui, l'ennemi des chrétiens ! Il en parle à trois reprises dans des lettres destinées à des communautés éloignées.

Ainsi, aux chrétiens de Galatie, il situe cette « apparition » bouleversante dans l'histoire de sa vie[13]. Avant, il n'avait pas connu Jésus et il n'avait aucune relation avec les chrétiens sinon celle de persécuteur. C'est « *avec frénésie* » qu'il les persécutait, tellement leur foi lui semblait incompatible avec la foi juive. De ce qu'il est devenu après la manifestation du Christ vivant, il dit peu, mais il apparait pleinement apôtre de Jésus-Christ. Ce qui peut surprendre une fois de plus nos esprits avides de détails, c'est son langage. A chaque fois qu'il évoque le coeur même de l'« apparition » qui a changé le cours de son existence (et qui nous intéresse tant), il a besoin de laisser les termes du biographe pour utiliser un autre style. Il se situe dans la ligne de tous les témoins de qui il a reçu la même révélation.

Il écrit aux Corinthiens : « *Je vous ai transmis en premier lieu ce que j'avais reçu moi-même : Christ est mort pour nos péchés selon les Ecritures. Il a été enseveli. Il est ressuscité le troisième jour selon les Ecritures. Il est apparu à Céphas*[14] *puis aux Douze. Ensuite il est apparu à plus de cinq cents frères à la fois. La plupart sont encore vivants et quelques-uns sont morts. Ensuite, il est apparu à Jacques puis à tous les apôtres. Et en tout dernier lieu, il m'est* ***apparu*** *à moi l'avorton* » [15]. Il leur dit aussi qu'il a **vu** Jésus[16].

Auprès des Galates, il se situe encore en témoin direct. Il leur rapporte l'événement en disant : « *Il m'a* ***appelé*** *et aussitôt, sans recourir à aucun conseil humain... je suis parti pour l'Arabie* » [17].

Aux Philippiens, il écrit : « *J'ai moi-même* ***été atteint*** *par le Christ Jésus* »[18].

Quelque chose d'unique lui est arrivé, difficilement exprimable. Mais cela est arrivé, et Paul tient à ce que

13. Voir Ga 1, 13-17 et 22-23.
14. Céphas est le nom que Jésus donne à Simon lors de son appel : il signifie Pierre (Jn 1, 42).
15. 1 Co 15, 3-8.
16. Voir 1 Co 9, 1.
17. Ga 1, 15.
18. Phil, 3, 12.

ce témoignage ne soit pas remis en question. Il tient aussi à dire que l'« événement » ne peut livrer son sens par lui-même. Ce qui est certain, c'est que cette rencontre avec le Christ crucifié-ressuscité a fait de lui un homme neuf, un apôtre zélé de Jésus-Christ ne craignant pas les persécutions.

UNE REVELATION QUI TRANSFORME LA VIE.

Paul est devenu un homme heureux ! Et cela il ne peut le taire. Aux Galates, aux Ephésiens, aux Philippiens, à toutes ces communautés auxquelles il écrit, **il ne cesse de clamer que le Christ a fait de lui un homme libre, et qu'il fait de même pour ceux qui veulent bien suivre ses traces : « Christ nous a libérés »**[19]. Pour lui, Christ est motif de fierté et d'audace. C'est Christ qui donne force à sa faiblesse : « *Je peux tout en Celui qui me rend fort* »[20]. Il s'entend dire par Dieu : « *Ma grâce te suffit ; ma puissance donne toute sa mesure dans la faiblesse* »[21]. Il va jusqu'à affirmer : « *Pour moi, vivre, c'est Christ* »[22]. Cette foi lui ôte toute crainte face à la persécution et la mort : « *Christ sera exalté dans mon corps, soit par ma vie, soit par ma mort* » dit-il aux Philippiens[23]. Animé des fruits de l'Esprit que sont « *l'amour, la joie, la paix, la patience, la bonté, la bienveillance, la foi, la douceur, la maîtrise de soi* »[24], il annonce sans relâche ce Christ qui lui a donné la Vie.

A sa suite, nous pouvons laisser Christ vivre en nous et ainsi devenir des hommes nouveaux (c'est ce que nous verrons au chapitre suivant).

Paul, Pierre, les disciples, et nous désormais, sommes envoyés annoncer cette Bonne Nouvelle. **C'est toujours par des hommes, par son Eglise, que Dieu choisit de parler encore aujourd'hui.** Aux quatre coins de la terre, nous avons à témoigner de cette vie nouvelle et à dire : Dieu, par amour, a ressuscité ce Jésus crucifié par la haine des hommes et c'est lui-même qui l'a révélé.

19. Ga 5, 1.
20. Phil 4, 13.
21. 2 Co 12, 9.
22. Phil 1, 21.
23. Phil 1, 20.
24. Ga 5, 22.

Comment les premiers croyants ont-ils rendu compte de cette expérience pascale dans leurs différents écrits ?

UNE RÉVÉLATION MÉDITÉE ET RACONTÉE.

Quand nous faisons mémoire des événements, nous choisissons ce qui nous paraît le plus important et nous laissons dans l'ombre bien des détails oubliés. Il nous arrive même de nous tromper. Mais l'essentiel s'est gravé en nous et s'est même approfondi avec le temps.

Il en est ainsi de cette révélation divine méditée et racontée dans **les récits évangéliques qu'on appelle récits d'apparition.** Sous un genre narratif, ils sont en fait une méditation sur l'acte de foi des premiers disciples. Ils tentent de nous faire communier à leur joie d'avoir retrouvé leur Seigneur et de renouer avec lui des liens d'affection.

Dans cet esprit, l'évangile de Jean nous relate des apparitions de Jésus ressuscité à Marie Madeleine ; celui de Luc nous fait cheminer avec les disciples d'Emmaüs discutant sur la route ; quant à Matthieu, il médite sur l'apparition de Jésus à des femmes.

Alors, qu'est-ce qu'une « apparition » ? Est-ce voir le Christ ressuscité avec ses yeux ou seulement avec son cœur ?

▶

Le terme « apparition » évoque souvent un fantôme. Or, dans ces récits, les évangélistes ne disent rien sur ce « fantôme ». Par contre, ils disent tous comment le Christ est entré en relation avec les disciples et comment eux ont réagi. Pour en rendre compte, ils doivent trouver un style, un langage. C'est pourquoi, au terme commun d'« apparition », il faudrait ajouter celui de « manifestation » du Christ, plus exact et moins chargé d'images fantastiques.

De la réalité visuelle des apparitions, nous ignorons tout ; mais rien ne nous permet de la contester, car ces récits signifient que l'expérience forte de reconnaissance du Christ qu'ils ont vécue, a saisi tous leurs sens (pourquoi pas la vue ?), en même temps que toute leur émotivité. En fait, l'important est là : **c'est tout leur être qui a accueilli les manifestations du Ressuscité.** Mais les évangélistes ont eu souci de vérité historique : ils nous rapportent des faits dont ils ont pu être les témoins directs ou qu'ils ont recueillis de témoins oculaires.

Quel corps avait le Christ ? On n'en sait rien. Cela ne nous intéresse pas beaucoup. Certes, les disciples n'ont pas immédiatement reconnu Jésus. Mais l'essentiel est dans le fait que l'expérience de relation avec lui est relatée comme bien réelle. Pour cela, les évangiles vont nous dire que Jésus ressuscité mange avec eux afin de signifier la réalité de la communication avec lui.

Pour comprendre, lisons le passage de l'évangile de Luc déjà cité : les disciples d'Emmaüs[25]. Il vaut la peine de voir comment ce récit est bâti, ainsi que tous les autres récits d'apparitions.

C'est **Jésus qui a l'initiative** de sa manifestation. Nous l'avons vu longuement, en parlant du texte du tombeau vide[26]. C'était le jeune homme en blanc qui se portait garant de la résurrection. Sur la route d'Emmaüs, c'est Jésus lui-même qui se « *donne à voir* » à l'improviste : « *Il les rejoignit et fit route avec eux* ».

Alors, pour eux comme pour nous, il s'agit de le **reconnaître**, car il est vivant : il n'est pas un fantôme. Luc va insister sur le fait que Jésus parle et qu'il mange. Mais cette reconnaissance ne va pas de soi : elle réclame la foi. Tous les évangiles nous parlent d'un **doute** initial des disciples. Notre doute à nous ne serait donc pas anormal... La foi en la résurrection est donnée au terme d'un long chemin. Ce Jésus qui leur apparaît est différent de celui qu'ils ont connu et pourtant il reste le même. Mais pour le reconnaître, il faut avoir le cœur « *tout brûlant* » des disciples d'Emmaüs. Alors, Jésus apparaît dans ce qu'il est de plus profond : sa parole et son geste, signe du don qu'il a fait de sa vie. En effet, c'est quand Jésus cite les Ecritures[27] et quand « *il se fut mis à table avec eux et qu'il prit le pain, prononça la bénédiction, le rompit et le leur donna* »[28] que leurs yeux s'ouvrent ; ils comprennent que Jésus est vivant et qu'il les envoie. L'hôte qu'ils ont invité à demeurer une soirée avec eux est devenu l'hôte qui donne à manger.

---

25. Lc 24, 13-35.
26. Mc 16, 1-8. Nous avons vu ce texte en encadré dans le chapitre 1.
27. Voir Lc 24, 27.
28. Lc 24, 30.

Après l'avoir reconnu, les voilà **témoins, envoyés en mission**, pour raconter leur expérience, pour annoncer la libération qu'apporte le Christ, pour dire le pardon des péchés, pour fonder des communautés vivantes par son Nom... Dans les évangiles, cet envoi est toujours collectif : à Jérusalem, ils retrouvent les Onze et leurs compagnons. Aujourd'hui encore, c'est un peuple de croyants, une communauté, une Eglise, un mouvement qui est envoyé en mission. De plus, au moment où « *ils le reconnurent il leur devint invisible* ». Ainsi Jésus se révèle aux disciples, et à nous-mêmes, comme celui qui s'en va, qui s'absente. On ne peut retenir pour soi le Ressuscité ! Il est absent et présent ! Mais c'est en l'annonçant que Marie Madeleine, dont parle l'évangile de Jean, entrera en relation nouvelle avec lui. N'est-ce pas en l'annonçant aux autres, forts de l'Esprit de Jésus[29], que nous aussi le rencontrerons et que cela changera notre vie ?

Pour conclure, c'est toujours sur cette triple structure : **initiative** de Jésus, **reconnaissance** des disciples après un **doute** initial et **envoi en mission** que sont présentés dans les évangiles tous ces récits d'« apparitions ». C'est en fait la structure de la foi, de leur foi et de notre foi.

UN MYSTÈRE.

Pour pouvoir communiquer avec quelqu'un sans courir le risque d'être non compris, surtout si je veux lui partager quelque chose de profond, il est nécessaire qu'il connaisse bien ma « langue » : c'est-à-dire, bien sûr, le sens propre et figuré des mots que j'aime employer, hérités de mon milieu culturel, et ma façon de structurer mes phrases. Il doit aussi savoir interpréter mes expressions favorites réservées à telle circonstance et non utilisées en telle autre. Enfin, il faut qu'il apprenne à saisir l'ambiguïté de certaines de mes formules et mes silences.

Pour communiquer la nouveauté de leur foi à leur communauté, les évangélistes ne partent pas de rien,

29. Voir l'Ascension et la Pentecôte.

sinon ils ne seraient pas compris : c'est dans la langue juive de l'époque qu'ils puisent, d'une part leur foi en la résurrection des morts, et d'autre part leur manière linguistique de l'exprimer.

Du coup, c'est nous qui, d'une autre culture et d'un autre temps, avons du mal à comprendre. Aussi, pour entrer dans le sens des mots employés, il nous faut connaître la langue religieuse du premier siècle.

UN MYSTÈRE TRADUIT EN DIFFÉRENTS LANGAGES.

Nous découvrons souvent avec surprise qu'à l'époque de Jésus la foi en la résurrection des morts est déjà proclamée. Certains croient que ce type de foi a surgi d'un coup après Pâques dans les communautés chrétiennes. Voyons comment la résurrection des morts est perçue dans la foi juive.

• La foi en la résurrection à l'époque de Jésus.

A l'époque du Nouveau Testament, la foi en la résurrection des morts n'est pas bien ancienne. Elle apparait vers 165 avant Jésus-Christ, lors des martyres juifs : Dieu relève toujours ceux qui ont cru. Elle n'est cependant pas reconnue par tous.

Pour un Juif, il n'y a pas d'âme sans corps, parce que l'âme n'a de sens que pour animer la chair. Dans la mort, l'âme n'a plus qu'une vie rabougrie. Le sémite attend donc de Dieu qu'il redonne vie à sa chair pour que son âme vive. Ainsi, les apôtres et Jésus sont en attente d'une vie éternelle, dans la communion avec Dieu. Sur la croix, Jésus crie avec les premières phrases d'un psaume[30] : « *Mon Dieu, pourquoi m'as-tu abandonné ?* ». Mais il en connait les derniers versets qui chantent l'espérance d'une résurrection.

Les évangélistes ont deux manières de parler du corps ressuscité de Jésus. Certains aujourd'hui pensent que dans le groupe des Pharisiens cohabitaient deux positions un peu divergentes :

30. Ps 22.

Pour les uns, la résurrection doit se faire avant le jugement dernier prévu à la fin des temps. Tous les hommes ressusciteront, en peuple, avant ce grand jour ; mais pour cela, il est nécessaire qu'ils puissent se reconnaître les uns les autres au moment du jugement. C'est pourquoi dans les évangiles, Luc et Jean mentionnent les traces de plaies de Jésus ressuscité[31] : il doit garder son corps actuel afin d'être bien reconnu, avant sa glorification ultérieure. Les plaies signent son identité de crucifié. C'est bien lui et pas un autre qui est ressuscité et se manifeste aux apôtres.

Pour l'autre groupe pharisien, seuls les justes ressusciteront avant le jugement dernier. Les impies resteront dans le néant. Il est donc inutile d'insister sur le corps actuel. On pense que le juste ressuscité passera dans un état de splendeur, une sorte de beauté lumineuse[32]. Dans les évangiles de Luc et Jean, Jésus ressuscité est tout autre qu'il était : on le prend pour le jardinier ou le pèlerin[33]. On ne le reconnaît pas.

Les évangélistes utilisent les deux croyances juives de l'époque, afin de bien se faire comprendre par tous.

L'important est de savoir que pour Jésus et ses disciples, la résurrection, c'est le passage dans la vie avec Dieu à la fin des temps.

En effet à l'époque de Jésus, quand on parle de résurrection « **au troisième jour** », on veut parler du jour de la résurrection générale à la fin de l'histoire. Le terme « troisième jour » n'a pas de sens chronologique ; il a un sens religieux (voir encadré).

31. Voir Lc 24, 39 ; Jn, 20, 27.

32. Relisons le beau texte de la Transfiguration qui est une annonce de la résurrection : Mt 17, 1-9.

33. Voir Lc 24, 15-16 ; Jn 20, 14-15.

Le troisième jour.

Le troisième jour, c'est « le jour de Dieu », le jour de sa venue et de son intervention décisive. Relisons le prophète Osée (6, 1-3) : *« Venez, revenons à Yahvé. Il a déchiré, il nous guérira ; il a frappé, il bandera nos plaies ;* ***après deux jours, il nous rendra la vie, le troisième jour, il nous relèvera, et nous vivrons en sa présence.*** *Appliquons-nous à connaître Yahvé ; sa venue est certaine comme l'aurore, son jugement surgira comme la lumière, il viendra à nous comme l'ondée, comme la pluie de printemps qui arrose la terre ».* C'est une expression de foi, de confiance et de certitude dans le triomphe final. Le prophète ne pense pas à une intervention de Dieu survenant le surlendemain d'une catastrophe ; il annonce la victoire définitive de Dieu qui sauvera son peuple.

Si Jésus utilise cette expression quand il parle de sa passion qu'il voit venir, cela n'implique pas qu'il sache exactement comment ni quand il ressuscitera. Mais cela exprime sa foi et sa confiance radicale en son Père qui le « sauvera de la mort » et qui réalisera son dessein. Jésus connaissait le texte d'Osée ; il vivait l'espérance des psaumes (voir Ps 16, Ps 22...).

Les premiers chrétiens utilisent l'expression : *« Il est ressuscité le troisième jour selon les Ecritures »* (1 Co 15, 4). Ils parlent en même temps du dimanche de Pâques (le surlendemain du vendredi où Jésus est mort) et du « jour de Dieu » : le jour où Dieu interviendra pour relever de la mort tous les hommes. La résurrection de Jésus est l'inauguration de ce « jour de Dieu ».

Mais quand Paul dit aux Corinthiens : *« Il est mort, il a été enseveli, il est ressuscité le troisième jour selon les Ecritures »*[34], il proclame que **la résurrection du Christ est déjà réalisée** sans attendre la fin des temps. Une telle affirmation est osée. C'est un acte de foi d'une nouveauté radicale, le fruit de toute une expérience de vie et de foi. C'est aller à contre-courant de la pensée religieuse juive. Nous imaginons bien que cet acte de foi n'est pas allé de soi.

34. 1 Co 15, 4.

• La déroute de la croix et le don de l'Esprit.

Il a fallu que les disciples fassent une longue expérience pascale pour pouvoir proclamer leur foi au « *Christ ressuscité le troisième jour selon les Ecritures* ». En effet, au moment de la crucifixion, leur foi juive est en plein désarroi. Pour eux, on l'a déjà dit, le Messie ne peut mourir. Ainsi, dans son récit de la Transfiguration[35], Marc tient à noter qu'ils n'ont pas pu comprendre du vivant de Jésus ce qu'il leur disait de sa propre résurrection : « *Comme ils descendaient de la montagne, il leur recommanda de ne raconter à personne ce qu'ils avaient vu, jusqu'à ce que le Fils de l'homme ressuscite d'entre les morts. Ils observèrent cet ordre tout en se demandant entre eux ce qu'il entendait par "ressusciter d'entre les morts"* ». La communauté de Marc a du mal à comprendre aussi.

Les disciples espèrent toujours « *le troisième jour* » c'est-à-dire la résurrection générale à la fin des temps ; ils l'appliquent à Jésus. Mais leur foi au Messie s'étant effondrée à la croix, aucun d'entre eux avant Pâques ne peut imaginer que la résurrection de Jésus soit anticipée. La résurrection parait impensable[36] : elle les plonge tout d'abord dans l'incrédulité. C'est avec toute une nouveauté de vie et une réflexion ecclésiale qu'il leur sera possible d'y croire et d'en être témoins.

Comment ont-ils pu faire cette expérience de résurrection anticipée ?

Les évangiles insistent : **c'est une expérience communautaire, faite en Eglise.** C'est le Christ devenu absent qui les a rassemblés et qui s'est manifesté vivant par son Esprit. Ils ont fait mémoire de leur vie avec Jésus à la lumière de la Bible. C'est ainsi que leur vie s'est transformée.

35. Mc 9, 9-10.

36. Dans la finale de l'évangile de Marc, c'est le désarroi et la crainte provoqués par la révélation de Dieu qui sont soulignés : les femmes s'enfuient.

Luc met en scène cette transformation radicale dans le récit de la Pentecôte[37] (Voir encadré). Il développe la promesse faite par Jésus : *« Je vous donnerai mon Esprit »*, *« Il vous enseignera tout »*, *« Il me rendra témoignage »*, *« Il vous conduira vers la vérité toute entière »*[38].

De fait, dans Luc, la Pentecôte inaugure le temps de la prédication missionnaire et de l'Eglise. Les apôtres, jusque-là enfermés par peur, sortent au dehors. L'Esprit, symbolisé par le vent et le feu, fait d'eux des témoins du Ressuscité auprès des hommes de toutes langues. Chacun est rejoint dans ce qu'il est ; chacun est relié par l'Esprit à la communauté. N'est-ce pas cela l'Eglise ? N'est-ce pas cela qui inaugure la « fin des temps » c'est-à-dire le temps où l'Esprit sera donné à tous, comme le précise Pierre dans le discours qu'il fait aussitôt après ?

Après le doute, le désespoir, l'Esprit leur fait expérimenter que Jésus vit avec eux, les vivifie et les envoie. Il n'est pas inutile de nous rappeler cela aujourd'hui. Notre condition de croyant est aussi une expérience faite en Eglise, les uns par les autres, une expérience où nous « faisons mémoire ». Là, nous relisons l'Ecriture pour qu'elle éclaire notre aujourd'hui. Là, nous recevons l'Esprit de Jésus. Nous faisons l'expérience d'une vie nouvelle, d'un sens, d'une marche, d'un chemin.

Quelques indications pour mieux lire le récit de la Pentecôte (Ac 2, 1-13).

— La fête de la Pentecôte est une **fête juive**. On commémore l'Alliance, le don de la Loi au Sinaï, après la libération d'Egypte. Au temps de Jésus et depuis plusieurs siècles, c'est la fête du renouvellement de l'Alliance.

— Le don de la Loi au Sinaï s'accompagnait de **manifestations visibles** de la puissance de Dieu (Ex 20, 18). Les commentaires juifs insistaient : *« La Parole, lorsqu'elle sortit de*

... /...

37. Ac 2, 1-13. Ce récit symbolique de la Pentecôte est inséparable du discours qui le suit et qui l'explicite (Ac 2, 14-36). Il faut aussi le relier à ses conséquences : sa fécondité missionnaire (Ac 2, 37-47).
38. Jn 14, 26 ; 15, 26 ; 16, 13.

la bouche du Saint était comme des flèches, des éclairs, des torches de feu ». Voilà qui nous fait comprendre les « langues de feu » de la Pentecôte et leur sens symbolique.

— **La langue**, c'est ce qui permet de communiquer. Ici, il s'agit de communiquer quelque chose qui vient de Dieu même. Le texte fait allusion aux prophètes, parfois saisis d'exaltation parce que possédés par un Esprit qui les dépasse. Mais, plus encore, il fait allusion à l'histoire de la tour de Babel (Gn 11, 1-9) qui montre les hommes pleins d'orgueil mais divisés par la barrière des langages différents. Ici au contraire, les hommes sont à nouveau réunis : ils comprennent tous la Bonne Nouvelle de Jésus. Celle-ci vise à rassembler tous les hommes.

— **Par son esprit** (= son souffle), Dieu donne ou redonne la vie (Gn 1, 2). Dans la très belle vision d'Ezéchiel (ch 37) l'Esprit s'empare des ossements désséchés et en fait des vivants. On attend le jour où Dieu répandra à nouveau son Esprit sur tout son peuple (Joël 3, 1-5). Dans son discours (Ac 2, 14-22), Pierre s'appuie sur cette attente pour dire : Voyez, cela arrive aujourd'hui.

— Pour aller plus loin, il faut donc lire **le discours de Pierre** qui suit le récit et le commente. On peut aussi comparer ce que nous dit ce récit de Luc avec ce que dit Jean dans un tout autre langage : Jn 20, 19-23.

Pour traduire leur foi, il a fallu que les évangélistes trouvent les mots adéquats afin d'être compris.

• Trois langages pour dire la résurrection.

Pour exprimer mon amour ou mon amitié à mon conjoint, à mon ami ou à mon enfant et dire un peu combien cela change ma vie, j'ai le sentiment que les mots sont courts, qu'ils disent peu ou mal ce que je ressens. J'utilise alors des gestes, des symboles, des images. Je cherche des langages un peu poétiques, complémentaires les uns des autres, voulant exprimer la même réalité de manières diverses.

Pour dire Pâques, les évangélistes balbutient ainsi diverses expressions voulant exprimer une même réalité. Ils ne peuvent trouver que des formules imagées, parce que notre langage humain qui a peu de prises sur le monde de l'amour, a peu dc prises sur le monde de Dieu. Ces images sont bien sûr enracinées dans la culture d'une époque. Aujourd'hui nous inventerions d'autres

Cela s'est-il passé dans l'ordre suivant : Jésus a été ressuscité puis il est apparu aux disciples, puis il est monté au ciel ?

images. Nous sommes toujours invités à le faire dans la prière personnelle ou en communauté.

Ils utilisent trois expressions qui ont chacune leurs avantages et leurs inconvénients. Ils écrivent : **« Dieu a ressuscité Jésus »**. Ce terme est surtout employé dans le kerygme[39] pour la prédication missionnaire. Ils disent aussi : **Jésus est « rendu à la vie »** par l'Esprit. Ils disent enfin : **Dieu a « exalté » ou « glorifié » Jésus.** Ces termes sont davantage utilisés au moment du culte.

◀

Avant d'expliquer ces termes, il faut effectivement ôter de nos têtes certains schémas. La résurrection de Jésus ne s'est pas déployée en épisodes successifs : Pâques, Ascension, Pentecôte, comme si Jésus était d'abord ressuscité, puis ensuite monté au ciel et qu'enfin il ait envoyé l'Esprit. Avec ces trois expressions différentes, les évangélistes veulent seulement dire les différentes facettes d'un même mystère. Il n'y a sans doute pas eu une minute sans que Jésus soit en même temps sauvé de la mort et exalté. Seulement, comme sur un dé à jouer, on ne peut voir et dire en même temps le 1 et le 6. Les évangélistes proclament donc ce mystère en des langages différents et imagés, sans vouloir en faire une histoire chronologique. Essayons d'entrer dans leurs trois langages.

Dieu a « ressuscité » Jésus d'entre les morts selon les Ecritures.

Cette formulation semble être la plus ancienne, très enracinée dans le langage biblique. Elle a l'avantage d'insister sur la continuité corporelle de Jésus : avant, il était crucifié ; après, il est ressuscité avec son même être corporel. Ceux qui l'ont connu peuvent donc le reconnaître.

Cette formule a l'inconvénient d'être utilisée aussi pour d'autres morts qui ont dû, eux, re-mourir. Par

39. Le mot kerygme signifie « annonce ». Il exprime en condensé l'essentiel de l'acte de foi : *« Ce Jésus de Nazareth que vous avez mis à mort, Dieu l'a ressuscité »*..

exemple, il est écrit que Jésus a ressuscité Lazare qui est mort à nouveau.

Cette expression ne dit rien sur la nouveauté de la résurrection de Jésus. C'est pourquoi, les premiers disciples précisent cette formulation par une autre qui se situe sur le même axe d'un « avant » et d'un « après » : celui de la mort et de la vie.

Jésus « rendu à la vie » par l'Esprit.

Là aussi, les évangélistes utilisent le langage biblique qu'ils ont à leur disposition, Dieu étant pour un Juif celui qui donne la vie. Avant, Jésus était mort ; après, Dieu lui a rendu la vie. Cette expression insiste bien sur l'identité de celui qui est mort et qui est maintenant vivant. Pour nous, elle a l'avantage d'être parlante.

Mais elle reste insuffisante pour dire la nouvelle vie de Jésus. On pourrait le penser sur le même modèle corporel qu'avant, comme s'il s'agissait d'une survie.

C'est pourquoi, les premiers chrétiens complètent cette expression en parlant de « vie éternelle ». C'est ce que fait Jean dans son évangile. Ils montrent aussi que Jésus est ressuscité en tant que premier : nous, nous ressusciterons à sa suite. C'est ce qu'explique Paul à ses communautés. Ils proclament encore que cette résurrection inaugure un monde nouveau vers lequel nous sommes appelés, si nous vivons à la suite de Jésus d'une certaine manière.

Pour eux, dans leur foi, il ne s'agit pas seulement d'un événement ayant atteint personnellement Jésus ; il s'agit d'un événement final qui nous concerne tous au plus haut point : la résurrection générale « à venir » est déjà amorcée avec lui[40].

Aujourd'hui, nous utilisons beaucoup le langage de l'« avant » et de l'« après », de la mort et de la vie (Voir encadré). Nous parlons de retour à la vie, du travail de l'Esprit de Jésus qui éclaire nos « nuits ». Nous disons parfois : « avant, notre ami avait peur, il n'osait pas se défendre. Aujourd'hui il est épanoui, il parle, il se bat ». Dans nos vies, nous faisons l'expérience d'avoir été tirés du sommeil, du noir, vers plus de lumière, plus de vie.

40. Voir Chapitre 7.

Nous disons que ce sont des arrhes de la résurrection, grâce à Jésus tiré de la mort vers la vie par Dieu son Père.

Tu m'as donné un chemin de vie (Prière de Madeleine).

« Seigneur, tu te souviens, il y a quelques semaines de là, j'appelais la mort, ne sachant même plus ce que voulait dire amour ; j'avais envie de boire jusqu'à être ivre-morte.

Ne plus penser, ne plus entendre, ne plus voir.

Tu étais là et tu me tendais les bras.

Tu ne les as refermés que lorsque ton Esprit a vaincu mes résistances et que je me suis jetée dans tes bras, reconnaissant ton amour et l'acceptant. Pour toi, rien n'a changé, tu m'aimes comme au premier jour.

Et ton Fils, lorsque j'ai lu son agonie dans le jardin de Gethsémani, jamais je ne l'ai senti aussi proche de moi. Par sa vie, sa mort, sa résurrection, tu m'as donné un chemin de vie.

Seigneur, je te glorifie, pour tout ce que tu fais pour nous et par nous.

J'ai envie de repartir dans la vie, pour permettre des partages de foi.

Je veux donner une priorité à ceux qui sont plus loin de toi, comme auparavant, me laissant guider par ton Esprit.

Envoie-moi ton Esprit pour que je reconnaisse la Pentecôte. »

Les évangélistes utilisent un troisième langage en complément des deux premiers.

Dieu a « exalté » ou « glorifié » Jésus.

Les premiers chrétiens parlent d'« exaltation », d'« ascension » et de « glorification ». Ce sont aussi des expressions puisées dans l'Ancien Testament.

Là, il n'est plus question d'un « avant » et d'un « après », de mort devenue vie. L'insistance est sur la « montée » de Jésus dans la « gloire » de Dieu, dans une vie tout autre où il devient « Seigneur » du monde entier et d'où il envoie son Esprit. On pourrait faire un schéma :

en bas, il y a Jésus mort ; en haut, en Dieu, Jésus est re-levé, é-levé, remis debout et glorifié pour veiller avec Dieu au destin de toute l'humanité. C'est avec ce langage qu'est composé le récit de l'Ascension (Voir encadré).

L'Ascension (Ac 1, 6-11).

« Ils étaient donc réunis et lui avaient posé cette question : "Seigneur, est-ce maintenant le temps où tu vas rétablir le Royaume pour Israël ?". Il leur dit : "Vous n'avez pas à connaître les temps et les moments que le Père a fixés de sa propre autorité ; mais vous allez recevoir une puissance, celle de l'Esprit-Saint qui viendra sur vous ; vous serez alors mes témoins à Jérusalem, dans toute la Judée et la Samarie, et jusqu'aux extrémités de la terre".

A ces mots, sous leurs yeux, il s'éleva et une nuée vint le soustraire à leurs regards. Comme ils fixaient encore le ciel où Jésus s'en allait, voici que deux hommes en vêtements blancs se trouvèrent à leurs côtés et leur dirent : "Gens de Galilée, pourquoi restez-vous là à regarder vers le ciel ? Ce Jésus qui vous a été enlevé pour le ciel viendra de la même manière que vous l'avez vu s'en aller vers le ciel". »

Cette expression, coupée des deux autres, pourrait faire penser que ce n'est pas l'homme tout entier avec son corps qui est glorifié mais que seul son esprit est « monté » en Dieu. Il faut donc la lier aux deux autres images.

Cette image « en bas - en haut » nous parle aujourd'hui. Ne disons-nous pas : avant, j'étais à terre ; aujourd'hui, je suis relevé, debout. Avec Dieu, je suis entré dans une vie nouvelle, « prémice » de cette vie radicalement nouvelle où nous serons, nous aussi, « glorifiés ».

Ce rapide détour linguistique ne devrait pas nous laisser insensibles, car le langage utilisé par les évangélistes entend bien dire le mystère de Pâque. En même temps, il dit notre propre destin d'enfant de Dieu. Pour comprendre ce langage, nous sommes invités à laisser travailler en nous l'Esprit de Jésus.

Si nous nous pénétrons du sens réel que ces mots revêtaient pour les premiers témoins, nous trouverons peut-être mieux nous-mêmes les mots pour dire notre foi à nos proches.

Les langages parlant de la résurrection de Jésus sont nombreux et de genres différents, parce que les disciples comme nous semblent être lents à croire ! Il faut rabâcher plusieurs fois et de manière différente, pour des besoins divers, la même révélation de Dieu.

UN MYSTÈRE DIT EN DIFFÉRENTES CIRCONSTANCES.

Les disciples forgent ces langages pour répondre à des circonstances diverses. Ils le font donc de manière très spécifique selon des genres littéraires différents, mais le centre de la proclamation du kerygme reste toujours le même : « *Ce Jésus, vous l'avez livré et supprimé en le faisant crucifier... mais Dieu l'a ressuscité... Tous, nous en sommes témoins* »[41].

• Des hymnes : le Ressuscité chanté et célébré.

Si je suis un peu poète, c'est par quelques vers chantés qu'au cours d'une fête de famille par exemple, j'annonce une grande joie de ma vie ou que je proclame mon amour pour quelqu'un.

Les premières communautés chrétiennes font de même : elles éprouvent le besoin de chanter la résurrection du Christ lorsqu'elles se réunissent pour rendre grâces. Ce sont les textes les plus anciens du Nouveau Testament que nous ayons. Ils datent de l'an 50 environ. On en trouve trace dans les épîtres de Paul notamment.

A but liturgique, ces hymnes ne décrivent ni ne racontent la résurrection de Jésus. Mais ils la crient, ils la chantent, un peu comme nous nous exclamons devant un ciel étoilé : « oh, une étoile filante ». Sur le coup, nous ne cherchons pas à expliquer le fait avec force détails sur le lieu ou sur l'horaire de l'événement. Mais nous nous exclamons devant quelque chose de beau qui nous étonne et nous ravit. Nous pourrions lire par exemple

41. Ac 2, 23 ; 2, 32 ; 3, 13-15 ; 1 Co 15, 3-5.

l'épître aux Philippiens (Voir encadré). Poétiques, ces hymnes expriment la joie en même temps qu'ils proclament dans la foi cet « inouï » qui transforme la vie.

Un hymne au Ressuscité (Phil 2, 6-11).

« Lui qui est de condition divine,
n'a pas considéré comme une proie à saisir d'être l'égal de Dieu.
Mais il s'est dépouillé,
prenant la condition de serviteur,
devenant semblable aux hommes,
et par son aspect, il était reconnu comme un homme ;
il s'est abaissé,
devenant obéissant jusqu'à la mort,
à la mort sur une croix.
C'est pourquoi Dieu l'a souverainement élevé
et lui a conféré le Nom qui est au-dessus de tout nom,
afin qu'au Nom de Jésus, tout genou fléchisse,
dans les cieux, sur la terre et sous la terre,
et que toute langue confesse que le Seigneur, c'est Jésus-Christ,
à la gloire de Dieu le Père. »

Pour nous aujourd'hui, ils sont bien plus que des chants du passé ; ils proclament dans l'action de grâces une résurrection encore actuelle et encore efficace. Ils sont aussi ces mots qui rappellent, qu'avant de pouvoir parler de la résurrection avec la raison et des arguments historiques, le croyant est celui qui adhère d'abord avec son coeur et qui chante son merci en communauté de chrétiens.

- **Des « Credos » : le Ressuscité proclamé et célébré.**

Si je veux expliquer brièvement l'événement qui me met dans une telle joie, j'écris un texte court et net dans lequel j'annonce publiquement ce qui se passe. Les premières communautés ont besoin d'une formule de foi qui ne cherche ni à raconter ni à prouver.

Nous avons la chance d'avoir trace d'un très ancien « credo » cité par Paul dans sa première lettre aux Corinthiens[42], écrit vers 57, soit 20 ans environ après Jésus : « *Christ est mort pour nos péchés, selon les Ecritures. Il a été mis au tombeau, est ressuscité le troisième jour selon les Ecritures, est apparu à Céphas (Pierre) puis aux Douze* ». Ce texte bref, « théologique », interprète la mort de Jésus dans la foi : Jésus ressuscité est affirmé en fonction d'un passé (les Ecritures), d'un présent (l'apparition à Céphas et aux Douze) et de la destinée de tout croyant nouveau (pour le pardon des péchés).

Ainsi, dès le début, l'événement de Pâques, chanté en hymne et confessé en « credo », ne vise pas à apprendre un fait, mais à donner de croire que cet événement sauve celui qui croit et le proclame. Ceci n'est-il pas encore valable pour nous aujourd'hui ? La résurrection du Christ n'est pas un simple événement historique, extraordinaire et même incroyable, à savoir ou à apprendre. Elle est d'abord objet de foi et, dit l'Évangile, la foi sauve.

• Des récits : le Ressuscité rencontré.

Si je désire communiquer ma joie à quelqu'un d'éloigné ou en laisser trace pour la postérité, je raconte en quoi cet événement change radicalement ma façon de vivre. Pour faire vibrer mon correspondant, j'écris un texte un peu long, voire un livre.

De même, les évangélistes sont amenés à raconter la résurrection et non seulement à la chanter : en effet, les premiers témoins disparaissent et les Juifs comme les païens sont lents à croire. Des textes sont élaborés : les récits du tombeau ouvert et les récits d'apparition. En tout premier, il y a eu le témoignage de Paul racontant la manifestation du Christ sur le chemin de Damas[43]. Ensuite, des années plus tard, s'élaborent les récits

42. 1 Co 15, 1-11.
43. Voir Ga, 11, 24.

évangéliques. Ils ne disent rien d'autre que les hymnes et les « credos », mais sous forme narrative.

Mais chanter, proclamer ou raconter le Nazaréen, est aussi pour les premiers croyants occasion de donner des titres neufs à Jésus : ils n'auraient pu le faire avant l'expérience de la résurrection.

LE « SEIGNEUR » JÉSUS « CHRIST ».

Le jour de la Pentecôte, Pierre termine son discours par cette phrase : « *Dieu l'a fait* ***Seigneur et Christ*** *ce Jésus que vous, vous avez crucifié* »[44]. Le Ressuscité est le Christ. Ce mot qui signifie « oint, consacré », traduit le mot « Messie ». Jésus ressuscité est bien celui qui accomplit les promesses de Dieu. Il dépasse même les espérances juives. S'il n'est pas roi à la manière des hommes, il a pourtant reçu tout pouvoir « *afin qu'au Nom de* ***Jésus*** *tout genou fléchisse et que toute langue confesse que le* ***Seigneur*** *c'est Jésus-****Christ****, à la gloire de Dieu le Père* »[45].

Que recouvre ce mot « Seigneur », du grec « Kyrios » ? Dans la langue courante, le mot a eu un sens banal : il désigne alors tout supérieur qui a pouvoir de commander, en particulier les plus hautes autorités. Pour les païens de l'époque de Jésus, on donne ce titre à l'Empereur à qui on rend un culte comme à un Dieu.

Par contre, **pour les juifs, le mot « Seigneur » désigne Dieu lui-même** car on ne prononce pas le nom sacré de Yahvé. Il implique la confiance de ses serviteurs en sa souveraineté. Dans la Bible, on trouve ce titre de Seigneur appliqué au Messie qui doit venir[46].

Les premiers chrétiens donnent ce titre à Jésus. Ils indiquent ainsi que le Ressuscité a reçu l'autorité suprême. La formule « *Jésus est Seigneur* » devient la confession de foi fondamentale : « *Si de ta bouche tu confesses que Jésus est Seigneur et si, dans ton coeur, tu crois que Dieu l'a ressuscité des morts, tu seras*

44. Ac 2, 36. Voir TOB note s.
45. Phil 2, 10-11. Nous avons lu ce bel hymne ci-dessus en encadré.
46. Voir Ps 110.

sauvé »[47]. Jésus est désormais donneur de « grâce » : « *La grâce du Seigneur Jésus soit avec vous »*[48].

En employant ce titre de « *Seigneur* » qui était pour eux celui-même de Dieu, **les premiers chrétiens reconnaissent Jésus comme Dieu.** Luc le souligne dès les débuts de l'Eglise. Ainsi, Etienne, alors qu'il va être lapidé à cause de sa foi, s'adresse au Christ dans les termes mêmes par lesquels Jésus s'était adressé à son Père avant de mourir : « *Seigneur Jésus, reçois mon esprit* » et « *Seigneur, ne leur compte pas ce péché* ». Il dit cela parce qu'il est « *rempli de l'Esprit Saint »*[49].

Reconnaître Jésus comme Dieu n'est donc pas une invention humaine, impensable pour un Juif. C'est une révélation qui nous est faite, quelque chose qu'**on ne peut comprendre que par l'Esprit** : « *Personne ne peut dire Jésus est Seigneur si ce n'est par l'Esprit Saint »*[50]. Il faudra de nombreuses années pour que la primitive Eglise précise sa foi ; ce sera l'objet de débats et de controverses sur la manière de comprendre. Cela aboutira à la définition du Concile de Chalcédoine en 451 qui déclare Jésus « vrai Dieu et vrai homme sans confusion ni séparation. »

Pour les premiers chrétiens, l'essentiel n'est pas de chercher la bonne formule pour exprimer ce mystère. Il s'agit de le « confesser » c'est-à-dire de s'y engager et de le proclamer. Cela les amène très rapidement à entrer en conflit avec la société dans laquelle l'Empereur est vénéré comme Seigneur. Car, disent-ils, **nous avons « *un seul Maître et Seigneur, Jésus-Christ* »**[51]. Refuser de donner ce titre à César, c'est faire acte de rébellion ; c'est menacer l'unité de l'Empire. Cela en conduira beaucoup au martyre. En utilisant ce titre seulement pour le Christ, les chrétiens lui donnent une force polémique contre toute autorité humaine qui s'érigerait en autorité suprême, en valeur absolue.

---

47. Rm 10, 9.
48. 1 Co 16, 23.
49. Ac 7, 54-60.
50. 1 Co, 12, 3.
51. Jude 25.

CROIRE AUJOURD'HUI AU CRUCIFIÉ-RESSUSCITÉ.

Comment la foi des premiers témoins nous interpelle-t-elle aujourd'hui ?

Marc termine son évangile sur une parole de foi[52] : **Dieu invite à croire sur sa seule parole et à marcher** avec cette foi-là jusque vers la Galilée. Pour rencontrer le Christ vivant, c'est bien en Galilée qu'il faut aller.

Pour Marc en effet, le mot Galilée est à comprendre au sens religieux : c'est ce lieu, loin de Jérusalem, de son système du Temple et de la Loi ; c'est le lieu des « impurs », le bout du monde et de l'histoire.

Voudrait-il nous inviter à quitter nos sécurités humaines et nos manies de raisonneurs, à quitter « notre pays » au sens large, pour entrer davantage dans un acte d'amour et de confiance ? C'est le chemin pris par les témoins que nous avons écoutés. C'est en nous laissant rencontrer par le Christ, en lui laissant le passage que nous nous laisserons modeler par lui.

Pour Marc, partir « en Galilée » sur la seule parole de Dieu, c'est aussi **prendre, par la foi, un chemin qui peut nous faire passer de la mort à la vie.** Il peut nous faire faire des choses impossibles à vue humaine mais possibles aux yeux de Dieu : sur cette route-là, **l'Esprit de Jésus-Christ nous précède** et nous attend.

Mais notre marche est faite de peurs et de doutes. Dans le texte de Marc, les femmes du tombeau, effrayées, se sont sauvées. Pour lui, nous ne verrons pleinement ce ressuscité qu'au terme de l'histoire, au terme d'**une longue marche faite de foi, de désarroi et de crainte.** Cette incertitude nous conduit souvent à la paralysie. Au contraire, nous sommes invités à faire de nos doutes et questions l'aiguillon qui donne envie de rencontrer Jésus-Christ. C'est en marchant ainsi que nous trouverons l'espérance. (Voir encadré).

52. Selon les exégètes, l'évangile de Marc se termine au chapitre 16 verset 8. Le passage qui suit est sans doute un ajout postérieur qui n'est pas de Marc.

Je t'attends (Prière de Paule).

Si tu es soleil, brille un peu plus ! Montre-toi !

Si tu es source, donne-moi à boire ! J'ai soif !

Si tu es vie, regarde ma vie, regarde nos vies.

Ça va mal... aujourd'hui !

J'ai faim de vivre.

Si tu es tendresse, calme ma peur ! Goûte à mes larmes !

Donne-moi un coeur amoureux ! Un coeur fou d'amour de la vie... Pour chaque petite cellule de vie, pour chaque homme de cette terre, à commencer par le plus démuni.

Si tu es pardon, sonde mon coeur. Souffle doucement... des pardons difficiles.

Je t'attends dans le quotidien de mon désir de vie. »

Si nous relisons aussi le texte des disciples d'Emmaüs, notre coeur peut devenir « brûlant » à leur suite.

N'est-ce pas le Seigneur vivant qui vient à la rencontre de notre vie ? C'est bien lui qui a l'initiative. Jésus vient nous rejoindre là, au creux de nos attentes, voire de nos désespérances : il se fait voir aux disciples qui s'en vont tristement, à Marie-Madeleine toute désolée qui le cherche, aux apôtres affrontés à la tempête... Saurons-nous ouvrir nos yeux pour le recevoir, pour l'accueillir et le reconnaître dans ce qui bourgeonne, comme dans ce qui sommeille mais attend de germer ?

Enfin, nous laisserons-nous radicalement transformer pour devenir des hommes nouveaux, et cela en acceptant d'**être des envoyés du Christ** et non nos propres envoyés ? C'est en marchant à sa suite et en l'annonçant que nous pourrons le rencontrer et donner du sens à certains « non-sens » de notre vie. C'est en racontant le Christ que nous pourrons faire lever ce Règne de Dieu attendu et faire vibrer ceux qui nous entourent à cette Bonne Nouvelle.

Les récits imagés que nous venons de lire nous rappellent que l'on ne rencontre pas le Christ ressuscité comme on rencontre un ami dans la rue. Mais plutôt comme on vit une aventure d'amour, de l'intérieur, dans laquelle on se laisse « emmener » par les autres sans bien savoir où cela nous mènera, mais en croyant que cela en vaut la peine. En fait, **la foi, c'est ... ire de liberté** ! Ces textes du Nouveau T... nant la résurrection nous lai... ou « non ». Ils nous laissent pe... issent pas de preuves mais ils ... ui peut aider à cet acte de foi ... message et le témoignage d'une ... cifié..

Où cela nous ... s parlent de salut, de libération ... nt que la foi transforme leur vie ... e cela signifie ?

Chapitre 7

JÉSUS-CHRIST : LIBÉRATEUR ET SAUVEUR.

Les disciples risquent leur vie pour affirmer à temps et à contre-temps : « *Ce Jésus que vous avez crucifié, Dieu l'a ressuscité, nous en sommes témoins* ». Depuis, les chrétiens ne cessent de redire cette proclamation dans leur langage. Mais quel rapport y a-t-il entre la résurrection de Jésus et nos vies ? **Qu'est-ce que cela change pour nous ?** La résurrection de Jésus, c'est une belle histoire, mais cela nous avance-t-il à quelque chose ?

Les premiers témoins risqueraient-ils leur vie sur cette proclamation, s'ils n'avaient découvert que pour eux et pour leurs frères, c'est une question vitale ? Malgré toutes les menaces, leur dynamisme incroyable atteint la terre entière en quelques années.

CRUCIFIE/RESSUSCITE : UNE HISTOIRE DE SALUT POUR TOUS LES HOMMES.

Les disciples annoncent un « salut ». Qu'est-ce à dire ? Sont-ils transportés dans un autre monde, protégés des souffrances, des angoisses et des doutes ? Non sans doute puisqu'à cause de leur foi, ils doivent affronter les supplices et la mort. Pour le Christ, Paul connaît l'incompréhension, la persécution, les coups et la prison. Pour que les autres vivent, il nous arrive aussi d'affronter l'incompréhension, la lutte, parfois le rejet... Comment les premiers témoins vivent-ils **ce paradoxe : Il est ressuscité, et nous, nous sommes livrés à la mort** ?

Dans un texte magnifique[1], Paul exprime ce paradoxe avec beaucoup de force. « *Nous sommes pressés de toutes parts... nous sommes dans des impasses...* » et pourtant « *Nous ne sommes pas écrasés... nous arrivons à passer...* » ; « *Nous sommes pourchassés mais non rejoints, terrassés mais non achevés...* » ; « *Nous portons dans notre corps l'agonie de Jésus... Nous sommes livrés à la mort à cause de Jésus* » mais c'est « *pour que la vie de Jésus soit elle aussi manifestée dans notre existence mortelle* ». Comment les premiers chrétiens peuvent-ils affirmer cela ? C'est leur acte de foi : « *Nous croyons, c'est pourquoi nous parlons. Car, nous le savons,* ***celui qui a ressuscité le Seigneur Jésus, nous ressuscitera nous aussi avec Jésus*** *et il nous placera avec vous près de lui* ».

Paul affirme que c'est la résurrection de Jésus qui explique l'attitude des chrétiens. Mais alors, cela veut dire que nous sommes concernés, rejoints, atteints par cette résurrection. Car, après tout, que Jésus ait un destin exceptionnel, c'est admirable, mais cela ne change pas forcément notre situation... Son histoire serait-elle aussi notre histoire ? Ce qui arrive à Jésus crucifié par les hommes, ressuscité par Dieu, ouvrirait-il un chemin pour notre existence et pour chacun de nous ?

1. 2 Co 4, 6-15.

UNE « TRAVERSÉE » POSSIBLE POUR NOUS COMME POUR LUI.

Jésus parlait de donner la Vie et même la Vie éternelle. Sa promesse a été démentie par les faits. Il promettait la vie, mais il est mort ! Non seulement il a échoué mais cet échec semble signé par Dieu même, puisqu'il a été condamné au nom de Dieu, comme ennemi de Dieu, et que celui-ci l'a laissé mourir comme un « droit commun ».

C'est probablement la pensée de tous ou presque, dans les jours qui suivent sa mort. Mais voilà qu'on le dit vivant, « il s'est fait voir », il est toujours avec nous... Si Dieu lui a donné raison, cela change tout. **Jésus a « traversé » (c'est le mot « Pâque »[2]) la mort, le mal.** Il ne les a pas évités, il les a connus, il les a subis ; apparemment il a été écrasé par eux, et pourtant il en est sorti victorieux. C'est ce qui fait dire à St Paul : « *La mort a été engloutie dans la victoire. Mort, où est ta victoire ? Mort, où est ton aiguillon ?* »[3]. Pour lui, la **victoire** de Jésus sur la mort est une victoire pour nous ; désormais la mort ne règnera plus en maître absolu ; la résurrection indique et inscrit dans l'histoire une nouveauté importante : la Vie l'emportera en dernière instance. Jésus a ouvert une brèche. Pouvons-nous nous engouffrer à sa suite dans la même traversée ?...

Alors, peut-on dire que **la résurrection de Jésus** n'est pas seulement un haut fait du passé, qu'elle nous concerne, qu'elle **implique notre propre résurrection** ? C'est ce que dit Paul : « *S'il n'y a pas de résurrection des morts, Christ non plus n'est pas ressuscité et si Christ n'est pas ressuscité, notre prédication est vide et vide aussi notre foi. Il se trouve que nous sommes de faux témoins de Dieu... Si Christ n'est pas ressuscité, votre foi est illusoire, vous êtes encore dans vos péchés... Nous sommes les plus à plaindre de tous les hommes. Mais*

2. Le mot « pâque » signifie « passage », « traversée ». Il évoque la traversée de la mer rouge, haut-fait de la libération de l'esclavage en Egypte qui constitue la mémoire fondamentale du peuple de Dieu. En référence à cette histoire, il sera employé pour la mort-résurrection du Christ. Celle-ci est bien une « traversée », un « passage » et elle fonde le nouveau peuple de Dieu.

3. 1 Co 15, 55.

non ; Christ est ressuscité des morts, ***prémices*** *de ceux qui sont morts »*[4].

Pour Paul, à cause de la résurrection de Jésus, nous sommes en attente de résurrection ; et nous ne sommes plus « dans nos péchés ». Il s'agit de l'avenir (la mort est vaincue) ; il s'agit aussi du présent (être enfermé ou pas dans nos péchés). Les chrétiens ne devront jamais oublier l'un ou l'autre de ces deux aspects. Car « *Christ est mort pour nos péchés selon les Ecritures* »[5]. Qu'est-ce que cela signifie ?

SACRIFICE OU DON : « MORT POUR NOS PÉCHÉS ».

Comment comprendre ce « mort pour nos péchés » ? Jésus aurait-il expié à notre place, accompli une punition en notre nom pour nous obtenir la réconciliation ?

• Une « expiation » ?

Mais alors, ce sacrifice de Jésus, comme ceux des chrétiens, n'est-il pas morbide et cela ne justifie-t-il pas les soupçons de nos contemporains[6] ?

Certes, nous connaissons le geste du P. Kolbe qui dans un camp de concentration a pris la place d'un condamné : il a pris sur lui la mort pour que l'autre vive, par amour. C'est une première approche. Mais Jésus ne prend pas notre place... A la Cène, nous l'avons vu, il parle de son corps et de son sang « *livrés pour vous et pour la multitude* ». Les exégètes nous disent que ce « *pour* » ne peut signifier « à votre place » mais « **en votre faveur** ».

◀

A certaines époques, des chrétiens ont interprété la mort de Jésus comme une « expiation », une espèce de compensation ou de « réparation » au péché des hommes pour les « racheter » (comme on s'engage à des

4. 1 Co 15, 12-18.
5. 1 Co 15, 3.
6. Ainsi Marx, Nietzche et Freud sont appelés « les maîtres du soupçon ». Chacun à leur manière, ils ont protesté contre tout ce qui leur semblait donner valeur à la souffrance ; ils ont dénoncé ce qui pouvait démobiliser, « endormir » ou aliéner les hommes.

réparations pour un dommage de guerre ou pour un accident). Jésus aurait purgé la peine méritée par les hommes, en la prenant sur lui, à leur place. Il aurait « satisfait » aux exigences de la justice de Dieu. A sa suite, des chrétiens se sont mortifiés (même physiquement) pour « expier ». Tout le monde s'accorde à dire aujourd'hui que ce sont des déviations qui correspondaient à la mentalité de l'époque mais qui ne respectent pas l'évangile[7]. Rappelons-nous ce que nous avons vu de la mort de Jésus.

Il n'est pas un suicidaire ni un kamikaze. Il meurt assassiné, condamné injustement, victime du péché des hommes et il souligne cette injustice. Sa mort, il ne la cherche pas, mais il la voit venir et il ne transige pas pour se protéger. Il ne recule pas devant sa mission, il la vit jusqu'au bout, librement, même si elle doit le conduire au rejet et à la condamnation. Plus encore, il donne sa vie.

• Le « sacrifice » nouveau : un amour qui sauve.

Il dit : « ***Ma vie, nul ne la prend mais c'est moi qui la donne*** » ! N'avons-nous pas là le vrai sens du mot « sacrifice » ? Ne dit-on pas de certains parents qu'« ils sont prêts à tous les sacrifices pour leurs enfants » ? Jésus **donne** sa vie, pour sa mission, pour nous apporter jusqu'au bout sa Bonne Nouvelle en paroles et en actes. Il le fait par amour car « *Il n'y a pas de plus grand amour que de donner sa vie pour ceux qu'on aime* »[8]. **Cet amour, c'est celui de son Père** qui ayant « *tant aimé le monde... lui a donné son Fils, pour que le monde ait la Vie* »[9]. A cause des ambiguïtés du mot sacrifice aujourd'hui, on peut employer un autre mot présent dans l'évangile de Jean, celui de « consécration ». Jésus ne se livre pas par

7. Plusieurs livres peuvent permettre d'aller plus loin :
JN. Bezançon, Dieu sauve, Desclée de Brouwer, Coll Croire aujourd'hui, 1985.
F. Varone, Ce Dieu censé aimer la souffrance, Cerf, 1986.
Et un livre plus technique qui étudie toute l'histoire des théories de la rédemption : B.Sesboué, Jésus-Christ l'unique médiateur, Desclée, 1988.

8. Jn 15, 13.

9. Jn 3, 16.

mépris de lui-même. Il se donne (se consacre) à une tâche éminemment positive : transmettre l'amour du Père qui nous sauve. Cet amour passe par son amour de Fils et c'est l'Esprit qui le transmet : il le communique du Père au Fils et du Fils à nous.

Cet amour, Jésus ne le manifeste pas seulement dans sa mort. Nous avons vu combien toute sa vie, ses paroles et ses actes sont des paroles et des actes en faveur des hommes et de tous les hommes. Il est « *le bon berger qui donne sa vie pour ses brebis* »[10]. On peut dire de toute sa vie ce que nous disons de sa mort à chaque eucharistie : elle est donnée « *pour la multitude, en rémission des péchés* ». **Nous ne sommes donc pas sauvés par la mort de Jésus**, ce qui serait en effet morbide. **Nous sommes sauvés par son amour**, manifesté dans tout ce qu'il a vécu parmi nous : sa vie, sa mort et sa résurrection.

C'est toute la différence entre les « sacrifices » anciens et le « sacrifice » nouveau de Jésus. Il fallait offrir le sang d'animaux immolés pour exprimer à Dieu qu'on le reconnaissait comme source de la vie (car le sang, c'est la vie). Désormais, il n'y a plus besoin d'offrir des « sacrifices ». Il s'agit de s'offrir soi-même, de donner sa vie, d'aimer, de faire la volonté du Père. C'est ce que les disciples expriment dans ce texte, en citant un psaume[11] : « *De sacrifice et d'offrande, tu n'as pas voulu mais tu m'as façonné un corps. Holocaustes et sacrifices pour le péché ne t'ont pas plu. Alors j'ai dit : Voici, je viens car c'est bien de moi qu'il est écrit dans le rouleau du livre : Je suis venu, ô Dieu, pour faire ta volonté* » [12]. **C'est en réalisant la mission reçue du Père que Jésus accomplit le sacrifice nouveau.** Il ne consiste pas à offrir de la souffrance ou du sang comme s'ils avaient valeur en soi. Il s'agit de donner sa vie pour une cause, pour une mission, pour une libération au service des hommes. N'en est-il pas de même pour nous ? C'est ce que dit St Paul : « *Offrez-vous vous-mêmes en sacrifice vivant... ce sera là votre culte spirituel. Ne vous conformez pas au monde présent mais soyez transformés* » [13].

10. Jn 10, 11.
11. Ps 40, 7-9.
12. Mc 10, 4-9.
13. Rm 12, 1-2.

« SELON LE DESSEIN DE DIEU »...

Les premiers disciples ont sans doute bien compris cela puisqu'ils ne séparent jamais la vie, la mort et la résurrection de Jésus. Rappelons-nous la phrase-clé mémorisée et sans cesse répétée : « *ce Jésus de Nazareth* (un homme bien concret), *que vous avez crucifié, Dieu l'a ressuscité* ». Nous avons vu que c'est même dans la lumière de la résurrection qu'ils relisent, comprennent et transmettent la vie et la mort de Jésus. Les évangiles sont à lire comme ils ont été écrits, dans cette lumière. **Sans sa vie, la mort de Jésus n'aurait pas de sens**, on ne la comprendrait pas pour ce qu'elle est ; **sans sa résurrection, elle ne serait qu'un fait divers de plus**, un fait divers tragique mais sans conséquence pour nous.

Les premiers disciples comprennent aussi, progressivement, que la mort de Jésus ne peut être une parenthèse, une sorte d'entr'acte, sans signification, en attendant sa résurrection. « ***Il fallait*** » bien que, de quelque manière, elle entre dans le dessein d'amour du Père.

► ***Comment peut-on accepter que la mort fasse partie du dessein de Dieu ?***

Dieu n'aime pas la mort. Alors, comment comprendre le couple mort/vie ? Il reste un mystère. Mais si Jésus est passé par la mort, ce passage prend un sens en Dieu même. Pour les premiers chrétiens c'est une question, comme pour nous. Pour comprendre, ils s'appuient sur l'Ecriture. Ils relisent les textes du prophète Isaïe appelés « poèmes du Serviteur souffrant »[14] ; ils relisent les psaumes : ce sont souvent des prières de justes persécutés, criant leur confiance à Dieu[15]. Ainsi selon Luc, Jésus déclare aux disciples d'Emmaüs : « *Ne fallait-il pas que le Christ souffrît cela pour entrer dans sa gloire?* »[16]. N'avait-il pas déjà dit : « *Je vous le déclare,*

14. Isaïe 42, 1-4 ; 49, 1-6 ; 50, 4-11 ; 52, 13 - 53, 12.

15. Ainsi, le psaume 22 dans lequel Jésus puisera son cri sur la croix : « *Mon Dieu, pourquoi m'as-tu abandonné ?* » Nous avons vu que ce psaume se termine par un hymne de confiance.

16. Lc 24, 26.

il faut que s'accomplisse en moi ce texte de l'Ecriture : "On l'a compté parmi les criminels" »[17].

En relisant la Bible, ils comprennent un peu mieux comment **ce passage mort-résurrection vécu par Jésus ne s'oppose pas au dessein de Dieu : au contraire, il est un « passage » qui nous ouvre la voie.** Jésus a affronté le mal, le péché, la mort tels que tous les hommes les rencontrent. Il les a traversés « *pour entrer dans sa gloire* ». C'est cette « traversée » qui fait partie du dessein de Dieu. Il s'agit d'entraîner tous ceux qui voudront se mettre à sa suite sur le même chemin : celui de la victoire de la vie sur toutes les forces de mort, celui de la victoire de l'amour et du pardon sur le mal et le péché.

En effet, Jésus agonisant sur la croix pardonne à ses bourreaux[18]. Bouleversant ! Pourtant, n'est-ce pas dans la ligne de toute sa vie, de ce qu'il a annoncé et inauguré quand il pardonnait les péchés et réintégrait les rejetés ? Là encore, sa mort signe sa vie. La force de ces paroles de pardon le met déjà au-dessus de ses bourreaux ; il casse l'engrenage du mal, de la vengeance ou simplement de la juste punition, pour l'ouvrir à un avenir nouveau. Ainsi, au malfaiteur crucifié avec lui, il dit : « *Aujourd'hui tu seras avec moi dans mon Royaume* ». Il montre qu'on a raison de parler d'un amour plus fort que la mort et d'un amour plus fort que la haine... Dans sa mort, éclairée par sa vie, il exprime avec une force maximum, sa volonté de rassemblement et de réconciliation. En le ressuscitant, Dieu ne lui a pas seulement donné raison ; mais il a signé ce projet comme un projet possible, comme **un projet inauguré, puisque l'amour a eu raison de la haine...** Parce qu'il a médité cela, Paul peut dire qu'en Jésus est abolie la distance qui séparait les hommes de Dieu et de leurs frères.

LA RÉSURRECTION A L'ŒUVRE POUR NOUS.

Sans la vie et la résurrection de Jésus, disions-nous, sa mort n'aurait pas de sens. Mais inversement, sans sa vie et sa mort, la résurrection de Jésus ne nous concernerait pas vraiment. Que Jésus soit auprès de son Père,

17. Lc 22, 37 citant Isaïe 53, 12.
18. Voir Lc 23, 34.

en quoi cela nous concerne-t-il dans notre existence concrète ?

• La fatalité brisée...

Celui qui est ressuscité, c'est celui qui est venu vivre une vie d'homme semblable à la nôtre, jusque dans ses contradictions, ses souffrances et jusque dans la mort, même la mort injuste. Le Ressuscité, c'est bien le crucifié. Alors, la croix n'est plus le dernier mot. Alors, notre vie difficile, **nos souffrances et notre mort** peuvent prendre un sens nouveau ; elles **ne sont pas non plus le dernier mot** ; elles ne sont pas enfermées dans un « destin », une fatalité. La résurrection de Jésus casse l'engrenage de la fatalité, elle ouvre une perspective nouvelle, une possibilité inespérée, un chemin : le chemin de Pâques, un passage possible vers la vie, vers la libération, vers la victoire sur le mal et sur la mort.

En méditant cela, les disciples ont abouti à cette formule que les chrétiens disent depuis quinze siècles dans leur « Credo » : **« Il est descendu aux enfers »**. Qu'est-ce que cela signifie ?

Cela ne serait-il pas une manière de dire que Jésus est venu connaître tout ce qui fait notre vie, même dans ce qu'elle a de pire, même dans ce qui est un véritable « enfer » pour nous ? Un théologien allemand[19], marqué par les atrocités de la dernière guerre a même pu faire ce raisonnement étonnant : **c'est quand Dieu, en Jésus, touche au plus profond de la détresse, de la souffrance et de la malédiction, que nous pouvons nous croire sauvés.** Si Jésus en est sorti vainqueur, alors nos pires détresses, les pires malédictions de notre monde ne sont plus sans issue.

Le Christ est venu **tout partager.** Il a tout « **traversé** ». Paul dit : « *Christ est ressuscité des morts, prémices de ceux qui sont morts* »[20]. S'il est « prémices », c'est qu'il y aura une suite pour nous. « *Nous ressusciterons nous aussi* ». Il y a donc bien pour lui un lien radical entre notre vie, nos « galères », notre espérance et la résurrection de Jésus.

19. J. Moltmann, Le Dieu crucifié, Cerf 1974. P.284.
20. 1 Co 15, 20.

• « Lève-toi et marche »...

Il y a un lien ente la résurrection de Jésus et notre propre résurrection dans le Royaume de Dieu, « *quand il remettra la royauté à Dieu le Père, après avoir détruit toute domination... Car il faut qu'il règne, jusqu'à ce qu'il ait mis tous ses ennemis sous ses pieds. Le dernier ennemi qui sera détruit, c'est la mort* »[21].

Mais les textes nous invitent à aller plus loin. Ils indiquent **un lien radical entre notre station debout, notre remise debout, et le fait que le Christ a été « élevé », « relevé »**. Pour exprimer la résurrection, le Nouveau Testament emploie deux mots grecs : **« être réveillé »** et **« se lever »**. Parce que le Christ s'est levé du tombeau, nous sommes appelés et « aspirés » à être relevés par son Esprit.

On comprend mieux maintenant tous les « Lève-toi et marche » que Jésus a dit pendant sa vie publique et que les évangélistes nous rapportent à la lumière de la résurrection. Peut-être sommes-nous trop habitués aux mots du langage chrétien mais il y a de quoi être étonnés : c'est le même mot qui désigne la résurrection de Jésus et les remises debout quoique partielles des hommes !

Cela ne nous indique-t-il pas qu'aujourd'hui comme hier, **la résurrection nous dit « Lève-toi et marche »** !... Plus encore, elle nous confirme qu' à la suite de Jésus et avec lui, c'est possible. S'il est vivant avec nous, ne dit-il pas et ne fait-il pas en notre faveur ce qu'il disait et faisait en faveur de ses contemporains ? C'est en tout cas ce que les disciples disent avec force dès les premiers discours des Actes des apôtres : « *Il est le Prince de la vie, celui qui donne la Vie* ». Ils le montrent en faisant ce qu'il a fait ; ils guérissent un malade en précisant bien : « *C'est son Nom qui a affermi cet homme que vous regardez et que vous connaissez ; et la foi qui vient de Jésus a rendu à cet homme toute sa santé, en votre présence à tous* »[22].

Pour celui qui accueille cette Bonne Nouvelle, la résurrection n'est pas un fait du passé, elle est à l'oeuvre au milieu de nous... **Elle ouvre un « à venir » nouveau** ; elle fonde une espérance extraordinaire. Encore faut-il

21. 1 Co 15, 24-26.
22. Ac 3.

préciser en quoi. Qu'est-ce qu'elle implique pour nous ? Comment rejoint-elle nos vies ?

NON PAS À NOTRE PLACE MAIS À NOTRE TÊTE.

Les apôtres ont bâti leur prédication sur une conviction : la résurrection de Jésus change notre manière de regarder la vie. Paul l'exprime dans un texte très dense et un peu difficile : *« Il est le commencement,* ***Premier-né d'entre les morts,*** *afin de tenir en tout, lui, le premier rang. Car il a plu à Dieu de faire habiter en lui toute la plénitude et de tout réconcilier par lui et pour lui, et sur la terre et dans les cieux, ayant établi la paix par le sang de la croix »* [23].

On pense au premier de cordée et à ceux qui le suivent, attachés à la même corde... Jésus est le premier, le commencement, le *« premier né d'entre les morts »*. Qui dit premier dit qu'il doit y avoir des seconds... Nous serions donc **encordés, accrochés à ce premier de cordée, ce premier ressuscité,** qui nous entraîne tous dans son élévation, dans son ascension. Cette comparaison de montagne exprime bien le rapport entre la résurrection de Jésus et nous. Cet encordement est tellement fort aux yeux de Paul que, pour lui, c'est déjà gagné : *« Avec lui, il nous a ressuscités et fait asseoir dans les cieux en Jésus-Christ »*[24].

Mais est-ce crédible, alors que nous « galérons » dans de multiples luttes difficiles et que des amis très chers meurent trop tôt sous nos yeux impuissants ?

Certes, nous sommes en butte aux multiples souffrances de toute vie humaine et nous nous en plaignons souvent. Il arrive que nous nous en prenions à Dieu qui, s'il existait comme un Père, devrait nous fournir une vie meilleure, un monde meilleur. En même temps, nous ne pouvons faire taire en nous **le désir, l'attente, l'espérance d'autre chose** ; l'espérance d'une amélioration ; mais aussi l'espérance d'arriver à un monde plus juste, plus beau, plus fraternel. Il semble que le désir soit un des moteurs fondamentaux de notre vie humaine. Ce désir, même s'il est souvent frustré et frustrant, est-il pure illusion ? Ou bien peut-il s'appuyer sur ce que les

23. Col 1, 18-20.
24. Eph 1, 26.

chrétiens appellent l'espérance, même si celle-ci dépasse les espoirs humains ?

C'est à ces questions que Paul s'attache, notamment dans le chapitre 8 de la lettre aux Romains.

UN MONDE NOUVEAU : LES DOULEURS DE L'ENFANTEMENT.

Les Romains ne sont pas des Juifs. Pour eux, sans doute, comme pour les Grecs d'Athènes, l'idée même de résurrection est proprement impensable. Il vaut la peine de lire et relire ce texte magnifique : « *J'estime que les souffrances du temps présent sont sans proportion avec la gloire qui doit être révélée en nous. Car la création attend avec impatience la révélation des fils de Dieu... Elle garde l'espérance car elle aussi sera libérée de l'esclavage de la corruption, pour avoir part à la liberté et à la gloire des enfants de Dieu. Nous le savons en effet, la création tout entière gémit maintenant encore dans les douleurs de l'enfantement. Elle n'est pas la seule, nous aussi qui possédons les prémices de l'Esprit, nous gémissons intérieurement, attendant l'adoption, la délivrance pour notre corps. Car nous avons été sauvés mais c'est en espérance... De même, l'Esprit vient en aide à notre faiblesse, car nous ne savons pas prier comme il faut ; mais l'Esprit lui-même intercède pour nous en gémissements inexprimables...* »[25].

Ce texte décrit bien notre situation (voir encadré) : nous sommes dans les souffrances du temps présent, nous et toute la création. Et nous attendons avec impatience autre chose, souvent en gémissant. **L'Esprit** que nous avons reçu gémit lui-même avec nous. Il « *intercède* », il « *libère de l'esclavage* », il inaugure une « *création nouvelle* » et il nous en donne « *les prémices* » c'est-à-dire les arrhes, les petits commencements. Aussi, pour Paul, nos gémissements ne sont pas désespérés ; ce sont ceux des douleurs de l'enfantement ; ce sont ceux de l'accouchement d'un monde nouveau, un monde nouveau dont nous parlent un bon nombre d'autres textes du Nouveau Testament.

L'espérance de Paul est très différente de celle d'un certain nombre de sagesses orientales ou des philoso-

25. Rm 8, 18-39.

phies qui ont cours à l'époque. Pour elles, la matière est mauvaise, elle enferme l'esprit comme dans une prison. Il s'agit donc de s'évader de ce monde matériel qui emprisonne, pour élever son âme au-dessus de ces vicissitudes. Pour Paul au contraire, il s'agit de **l'enfantement d'un monde nouveau qui comprend les hommes et toute la création.** Rappelons-nous ce texte de l'Apocalypse déjà cité qui nous parlait d' « *un ciel nouveau et une terre nouvelle* » dans lequel « *la mort ne sera plus ; il n'y aura plus ni deuil ni cri ni souffrance car l'ancien monde s'en est allé* »[26].

Dans un autre langage, nous retrouvons là ce que les évangiles nous ont appris du Royaume de Dieu. Paul parle souvent de « création nouvelle » ou d'« homme nouveau ». Le sens est proche. Aussi retrouvons-nous la même difficulté à y croire. Car enfin nous ne sommes pas passés dans ce monde nouveau avec la résurrection du Christ !... Paul connaît l'objection. Il dit : « ***Nous sommes sauvés mais c'est en espérance*** ». Nous sommes seulement en chemin, en plein travail d'enfantement et Dieu sait si ce chemin est fatigant et douloureux.

Comment peut-on être sauvé en espérance ?

Reprenant la comparaison de la cordée, nous pouvons dire : si Christ est ressuscité, si le chef de file est arrivé au sommet, on peut légitimement espérer que toute la cordée suivra. Cela ne nous dispense pas de trimer, mais il y a la corde... et la certitude qu'il y a une issue.

Paul exprime encore cette solidarité en disant que nous sommes le corps du Christ, celui-ci étant la tête (nous y reviendrons). Une autre comparaison vient alors à l'esprit. On raconte que si quelqu'un est très souple, quand il passe la tête par un orifice, il réussit à passer tout son corps... **Nous sommes le corps du Christ relié à sa tête : parce que la tête est « passée », ressuscitée, nous sommes sûrs que nous « passerons » aussi, grâce à son Esprit...**

Paul parle de « prémices » ou d'« arrhes »... Qu'est-ce que cela peut signifier concrètement dans nos vies ?

26. Apoc 21, 1-8.

Rien ne nous séparera de l'amour du Christ (Rm 8, 18-39).

Pour nous aider à lire ce texte magnifique mais un peu difficile, voici à titre d'exemple une mise en colonnes qui fait ressortir la place de l'espérance au Christ ressuscité, entre les souffrances du temps présent et la gloire à venir qui n'est pas encore là :

Le poids du présent	**L'espérance**	**L'avenir**
Les souffrances du temps présent sont	sans proportion avec	la gloire qui doit être révélée en nous
	La création attend avec impatience	la révélation...
Livrée au pouvoir du néant,	elle garde l'espérance,	car elle aussi sera libérée
de l'esclavage de la corruption		pour avoir part à la gloire...
La création gémit maintenant encore	dans les douleurs de l'enfantement...	
Nous aussi, nous gémissons,		
	nous possédons les prémices de l'Esprit, attendant	la délivrance...
	Nous avons été sauvés mais c'est en espérance... Attendre avec persévérance... L'Esprit intercède.. concourt au bien... Il nous a prédestinés à	être conformes à l'image du Fils 1er né
	appelés, justifiés, glorifiés... Dieu est pour nous,	ne nous donnera-t-il pas tout ?
	JC mort-ressuscité intercède pour nous... Qui nous séparera de l'amour du Christ ?	
La détresse, l'angoisse ?	Nous sommes plus que vainqueurs par Celui qui nous a aimés.	
Ni la mort ni la vie.		rien ne nous séparera de l'amour du Christ.

DES HOMMES AIMES : SAUVES DU MAL ET DU PÉCHÉ.

Si les premiers chrétiens donnent **le titre de « sauveur » à Jésus ressuscité**, ce n'est pas sans lien avec l'expérience qu'ils ont faite avec lui de son vivant. « Il est passé en faisant le bien ». Il a « **libéré** » des malades et des possédés de ce qui les tenait enchaînés. Il a **réintégré** des exclus dans la vie sociale dont ils avaient été rejetés. Il les a réintégrés dans la communion avec Dieu, il a **pardonné** les péchés. N'y a-t-il pas là de véritables libérations, un véritable salut[27], au sens où on dit que quelqu'un a été sauvé d'une situation critique ? Il n'est pas étonnant que pour comprendre qui est Jésus, on se réfère à Moïse, celui par qui Dieu a libéré son peuple de l'esclavage en Egypte. Jésus est le nouveau Moïse, le Moïse du nouveau peuple de Dieu qui, cette fois, sera un peuple pour tous les hommes. Jésus est donc le libérateur.

• Des hommes nouveaux.

Nous l'avons beaucoup dit, les évangélistes parlent de Jésus non pas au passé mais au présent. Ce Jésus qui a fait tout cela, est Vivant aujourd'hui ; il continue à faire, parmi eux et par eux, ce qu'il a fait autrefois avec ses contemporains. Comment le fait-il ? Par ses disciples certes. Mais les textes insistent pour nous dire qu'il ne les a pas laissés seuls ; il leur a donné « son Esprit ». Laissés à eux-mêmes, les disciples ne pouvaient que se terrer, par peur des Juifs. Dynamisés par l'Esprit de Jésus « répandu » en eux, ils deviennent des missionnaires intrépides[28]. **De tous ceux qui veulent bien le recevoir, cet Esprit fait des « hommes nouveaux »**[29], **« une création nouvelle »**[30]. C'est pourquoi Paul ose

27. Nous utilisons peu le mot « salut ». Nous disons plus souvent « être sauvé » d'une mauvaise passe et retrouver la vie. Cf l'expression : « il m'a sauvé la vie ».

28. C'est ce que nous montre bien le récit de l'Ascension (Ac 1, 6-11) et plus encore le récit de la Pentecôte ainsi que le « discours » missionnaire qui suit (Ac 2).

29. Eph 4, 23-24, Col 3, 9-10.

30. Ga 6, 15.

dire : « *Nous sommes ressuscités avec le Christ pour mener une vie nouvelle* »[31] et « *si quelqu'un est en Christ, l'être ancien a disparu, un être nouveau est là* »[32]. Les premiers baptisés revêtaient une robe blanche pour une semaine : ils manifestaient par là qu'ils étaient devenus des hommes nouveaux. Aujourd'hui encore, des chrétiens puisent dans leur foi un dynamisme qui leur fait faire des choix radicaux et qui les envoie vers leurs frères.

• Des fils réconciliés.

Rappelons-nous l'histoire de l'enfant prodigue racontée par Jésus (Voir encadré). Le fils cadet prend sa part d'héritage et se sépare de sa famille pour mener sa propre vie et en fait la gâcher. Son père ne prononce aucune parole de condamnation : au contraire, il ne cesse d'attendre sur le chemin le retour de ce fils rebelle. Quand celui-ci tiraillé par la faim revient, il n'ose pas espérer retrouver sa place de fils et demande seulement à être embauché comme serviteur. Alors, son père le reçoit dans ses bras et fait tuer le veau gras pour la fête car, dit-il, « *mon fils que voici était mort et il est revenu à la vie, il était perdu et il est retrouvé* »[33].

31. Rm 6, 4. 1 P 1, 3.
32. 2 Co 5, 17.
33. Lc 15, 24.

Grille de lecture de la parabole de l'enfant prodigue (Lc 15, 11-32).

1. Noter nos **premières réactions**. En finale, y revenir pour voir ce qui s'est précisé, approfondi ou ce qui a changé. Puis, en lisant et relisant le texte au fur et à mesure :

2. Repérer **les 4 actes** de ce « drame » : le départ, la vie et la réflexion au loin, la rencontre, la fête et le dialogue avec le fils aîné.

3. Noter **les verbes** qui indiquent des mouvements ou déplacements (changements de lieu et changements d'attitude) : ceux du fils plus jeune, ceux du Père, ceux du fils aîné.

4. Pour chacun des trois principaux **personnages**, noter **les actes et les paroles :**

— LePère : Ce qu'il fait
Ce qu'il dit
Qu'est-ce que cela nous révèle de Dieu ?

— Le fils prodigue : Ce qu'il fait
Ce qu'il dit
Qu'est-ce que cela nous révèle de l'attitude de fils que Dieu attend de nous ?

— Mêmes questions pour le fils aîné.

— Noter qu'une phrase est répétée deux fois. Qu'est-ce que cela nous indique ?

5. Qu'est-ce que cela nous fait **approfondir dans notre foi** ? Dans notre conception de Dieu ? Dans notre conception de la vie chrétienne ?

A quelle attitude nouvelle cela nous invite-t-il ?

Qu'est-ce que cela nous fait découvrir sur ce qu'est pour un chrétien le sacrement du pardon ?

A quelle prière cela nous conduit-il ?

C'est bien de vie qu'il s'agit, mais pas de n'importe quelle vie : d'une vie « retrouvée » alors qu'elle était « perdue », d'une vie réconciliée, d'**une vie qui soit à nouveau une vie de fils.** C'est la joie du Père et du fils, opposée à la jalousie du frère aîné, qui nous indique bien la nouveauté de la vie et de la « justice » de Dieu apportée par Jésus. A sa suite, Jésus nous fait fils de Dieu son Père qu'il ose appeler « papa ». Il nous invite à le prier en disant « Notre Père ». Dire ensemble « *Notre Père* » nous fait frères et nous engage à vivre le partage et la réconciliation. Cela ne nous fait pas quitter notre existence mortelle, cela pourtant peut changer bien des choses...

• Aimés avec tendresse.

Quand je suis face à mon frère gravement malade, je me reconnais le plus souvent incapable de l'emmener dans la bonne santé. Les chercheurs peuvent inventer un nouveau médicament... Quant à moi, je peux travailler à le soulager ne serait-ce qu'un peu ; je peux surtout lui faire éprouver qu'il n'est pas abandonné et que dans sa maladie, il continue à aimer et à être aimé ; je peux lui tenir la main, l'entourer de tendresse et d'affection ; je peux lui exprimer un pardon, l'aider à se réconcilier avec lui-même, avec son histoire... Oserons-nous dire que cela n'est pas essentiel pour qu'il vive mieux ? **Etre aimé et être aidé** même modestement, **être en lien**, n'est-ce pas le contraire d'être rejeté, d'être exclu, d'être « paumé » ? N'est-ce pas **une libération** ?

L'amour de Dieu transmis par Jésus va plus loin encore. Il dit nous donner l'eau vive, il dit nous donner la vie jusqu'à sa dimension de vie éternelle. La main tendue de Dieu, sa tendresse de Père est bien une expérience vitale. Elle fait de nous d'« autres christs ». Elle nous fait entrer dans l'intimité de Dieu. Elle est porteuse de pardon, de confiance, de paix. Elle est une force pour vivre. Cela s'exprime souvent dans la prière (Voir encadré).

Père plein de tendresse (Prière de Robert).

Père plein de tendresse,
regarde tes enfants qui en bavent.
Je crois que tu souffres avec eux, avec nous.
Alors, fais-nous sentir
    la chaleur de ta main,
    le souffle de ta proximité.
Que cette présence silencieuse,
    inefficace matériellement,
inocule en nous
    le goût de la vie,
    l'envie de la lutte,
    les désirs des traversées pascales,
    l'appel de la confiance,
    l'humour devant nos limites,
    la joie de se croire aimés.
Fais-nous crier avec ceux qui crient
    lutter avec ceux qui pleurent
    donner la tendresse à ceux qui souffrent.
Tu es Père,
    fais-nous frères.

• Des « arrhes »...

Jusqu'au bout, au point de traverser en « premier de cordée » l'engrenage fatal de la méchanceté, de la jalousie, de la haine et du péché, Jésus a accueilli cette tendresse de Dieu. Ses actes de guérison ont été **une anticipation** minuscule peut-être, mais pourtant bien réelle de ce Royaume que nous espérons. Sa résurrection est une anticipation qui va plus loin : dans notre histoire elle inscrit la victoire de la vie, de l'amour, du pardon, la victoire de ce qu'il a annoncé et inauguré. Et cela continue par tous ceux qui font « les oeuvres du Père ».

S'il est vrai que Dieu a donné raison à son Fils, dès aujourd'hui nous pouvons nous dire sauvés. Nous ne sommes pas encore ressuscités pleinement, mais nous sommes déjà des hommes nouveaux, sûrs de son amour, sûrs de son pardon, sûrs d'être nous aussi les fils que le Père veut faire vivre pleinement. Avec lui et par son Esprit, nous en vivons **les arrhes, les prémices, comme**

on savoure un acompte qui fait partie d'un ensemble plus grand, encore absent mais qui viendra. Cela nous libère de la désespérance ; cela nous aide à regarder les « petites graines » : elles sont promesse d'avenir... Cela nous libère de la tristesse et de l'amertume : notre monde n'est pas un chaos ni un désert sans oasis ; on peut même être heureux dans le soleil voilé. Cela nous fait tenir et nous engage à travailler aux chantiers des hommes que Dieu nous confie sans rêver au « grand soir ».

A cause de cet « *amour de Dieu qui a été répandu dans nos coeurs* »[34], Paul peut aller jusqu'à conclure le texte que nous avons lu tout à l'heure par ce paragraphe étonnant : « ***Qui nous séparera de l'amour du Christ*** ? *La détresse, l'angoisse, la persécution, la faim, le dénuement, le danger, le glaive ?... Mais en tout cela nous sommes plus que vainqueurs en celui qui nous a aimés. Oui, j'en ai l'assurance : ni la mort, ni la vie, ni les anges ni les dominations, ni le présent ni l'avenir, ni les puissances... ni aucune autre créature, rien ne pourra nous séparer de l'amour de Dieu manifesté en Jésus-Christ notre Seigneur* »[35]. Texte un peu fou : il faudrait relire toutes les lettres de Paul et le récit de ses missions dans les Actes des Apôtres pour mesurer à quel point ces phrases sont le reflet d'une expérience vitale qu'il a faite et qu'il nous invite à faire.

UNE VIE RELIÉE AU CRUCIFIE-RESSUSCITE.

Tout cela est-il tenable dans notre monde « désenchanté » qui ne croit qu'à ce qui est tangible ? Pourtant nos contemporains n'ont jamais autant manifesté leur insatisfaction devant la seule rationalité scientifique ou économique. Mais alors, n'allons-nous pas sombrer dans l'irrationnel ?

Il est bien évident que ce que nous disent Paul et les premiers chrétiens ne s'impose pas. C'est une proposition pour aujourd'hui comme pour hier. Elle suscite à la fois envie et réticences. Allons-nous courir le risque de nous laisser embarquer ?

---

34. Rom 5, 5.
35. Rm 8, 31-39.

• « Avec lui »...

C'est précisément ce que Paul et les autres nous proposent : comme les Romains, les Athéniens et autres contemporains, nous sommes invités à **lier notre vie à celle de Jésus**. Pour ceux qui l'acceptent, le baptême exprime exactement cela. Baptiser veut dire plonger. Les premiers chrétiens avaient la chance de le mesurer avec réalisme : ils descendaient dans la piscine jusqu'à plonger sous l'eau pour ressortir ensuite, symbole de la vie nouvelle qui désormais était la leur. Le sens de ce plongeon était plus clair que celui des quelques gouttes d'eau versées sur le front : être baptisé, c'est plonger avec le Christ dans sa mort (sous l'eau), pour « se lever », ressusciter avec lui à une vie nouvelle (Voir encadré).

Le baptême chez les premiers chrétiens.

« Que le futur baptisé descende dans l'eau et que celui qui le baptise lui impose la main sur la tête en disant : "Crois-tu en Dieu le Père tout-puissant ?" Et que celui qui est baptisé réponde : "Je crois". Qu'il le baptise (= plonge) alors une fois, en lui tenant la main posée sur la tête.

Puis qu'il dise : "Crois-tu au Christ-Jésus le Fils de Dieu, qui est né par l'Esprit-Saint de la Vierge Marie, est mort et a été enseveli, est ressuscité vivant des morts le troisième jour, est monté aux cieux, est assis à la droite du Père, viendra juger les vivants et les morts ?" Et quand il aura dit : "Je crois", qu'il le baptise de nouveau.

Qu'il lui dise de nouveau : "Crois-tu au Saint Esprit, en la sainte Eglise et en la résurrection de la chair ?" Que celui qui est baptisé dise : "Je crois". Et ainsi qu'on le baptise une troisième fois.

Ensuite, quand il est remonté, qu'il soit oint par un prêtre au moyen de l'huile qui a été sanctifiée avec ces mots : "Je te oins de l'huile sainte au Nom de Jésus-Christ".

Qu'ils se rhabillent après s'être essuyés puis qu'ils rentrent à l'Eglise. »

Hippolyte de Rome. La tradition Apostolique. Vers 220.

Paul a forgé des mots nouveaux pour exprimer cette vie nouvelle « *avec le Christ* » : « *Ignorez-vous que nous tous, baptisés (plongés) en Jésus-Christ, c'est dans sa mort que nous avons été baptisés. Par le baptême en sa mort, nous avons été* ***co-ensevelis avec lui,*** *afin que, comme Christ est ressuscité des morts par la gloire du Père, nous menions nous aussi une vie nouvelle. Car, si nous avons été totalement unis, assimilés à sa mort, nous le serons aussi à sa résurrection. Si nous sommes* ***co-morts avec Christ,*** *nous croyons que nous serons* ***co-vivants avec lui.*** *Considérez que vous êtes morts au péché et vivants pour Dieu en Jésus-Christ* »[36].

Co-morts, co-ensevelis, co-ressuscités, co-vivants... Paul ajoute ailleurs ***co-fils, co-héritiers...*** C'est vraiment par leur lien radical avec Jésus ressuscité que ceux qui le suivent sont des hommes nouveaux. Cela va très loin, car ce lien n'est pas un simple rattachement juridique, comme si le baptême était seulement un acte d'adhésion à une doctrine. C'est un lien de communion, d'amour, d'alliance[37]. Paul qui est certainement un passionné, va jusqu'à dire : « *Pour moi, vivre, c'est le Christ* »[38] ou encore : « *Ce n'est plus moi qui vis, c'est le Christ qui vit en moi* »[39]. Tous ceux qui aiment vraiment comprendront qu'il y a là des paroles d'expérience humaine profonde... Les chrétiens l'appellent **expérience spirituelle** car elle est pour eux le fruit de l'Esprit. C'est Jésus lui-même par son Esprit qui leur fait vivre cette « intimité ». Jésus ne disait-il pas : « *Si quelqu'un m'aime, mon Père et moi nous l'aimerons et nous ferons chez lui notre demeure* ». ?[40]

• « A sa suite »...

Parce qu'il est l'ami de Jésus, le disciple est amené à faire de sa vie une vie avec Jésus. Dans la logique de cet amour, tout naturellement, il **désire faire à son tour ce que Jésus a fait** ; non pas pour l'imiter comme on imite un grand personnage du passé ; mais pour que le

36. Rm 6, 1-14.
37. L'Eucharistie renouvelle la Cène, donc l'« *Alliance nouvelle et éternelle pour la multitude* ».
38. Phil 1, 21.
39. 2 Co 4, 10 ; Ga 2, 19-20.
40. Jn 14, 21.

Ressuscité puisse continuer en lui son oeuvre de salut, telle qu'il l'a inaugurée pendant qu'il parcourait la Palestine.

Quoique liés à lui, nous restons affrontés au mal... « *Le disciple n'est pas au-dessus de son maître* » dit Jésus. Le maître n'a pas évité le mal, la souffrance, la mort, nous l'avons vu. Il les a traversés, ce qui n'est pas la même chose. Pas plus que lui, nous ne les éviterons. Mais **avec lui, pouvons-nous les traverser** ? La foi nous fait dire « oui », mais pas « la bouche en coeur »... Qui dit traverser dit l'épreuve du temps, l'épreuve de la passion... Traverser dit aussi la confiance dans l'issue. Paul nous rappelle que cette confiance s'appuie essentiellement sur la résurrection du « premier-né ». Elle s'appuie aussi sur des signes, des « arrhes », des anticipations qui sont les fruits que porte en nous l'Esprit du Ressuscité. Même petites, voire dérisoires, ces expériences font partie de l'espérance chrétienne.

Nous nous demandions si le chrétien était l'homme des « sacrifices ». Si nous écoutons le témoignage de ces premiers passionnés du Christ, nous sommes invités à dire avec eux : il s'agit bien en effet de **donner sa vie**, mais c'est **pour vivre plus** et non pas pour vivre moins humainement ou pour vivre « ailleurs ». Il s'agit bien de « vivre en abondance » ! Mieux encore, il s'agit de faire vivre, de proposer la Vie, celle de Jésus mort-ressuscité qui veut devenir la nôtre...

FAIRE VIVRE ET REVIVRE.

Quand dans le « Credo » les chrétiens disent : « *Pour nous les hommes et pour notre salut, il descendit du ciel..., il a pris chair..., crucifié, il souffrit sa passion..., il ressuscita..., il monta au ciel...* », ils disent ce à quoi ils se relient comme à leur fondement : la vie, la mort et la résurrection de Jésus. A sa suite, avec lui, toute leur existence devient une existence « pascale », un chemin de vie et de libération, une « traversée » vers la Vie. Cela nous donne le véritable sens du mot **« salut » : être emmenés dans le mystère pascal, avec le Christ, par l'Esprit, vers le Père.**

S'il en est ainsi, on comprend mieux pourquoi les premiers chrétiens considèrent comme essentiel de

« faire mémoire » de la vie, de la mort et de la résurrection de Jésus. On comprend mieux que ces événements d'il y a deux mille ans nous concernent. Les théologiens disent que Jésus a une personnalité « corporative » : par sa venue dans notre « chair », **il fait corps avec nous** ; et nous, nous pouvons faire corps avec lui ; son histoire peut devenir notre histoire ; ou plutôt notre histoire peut être « emmenée » dans son histoire ; sa vie, sa mort et sa résurrection peuvent être chemin de vie pour nous et pour tous ceux à qui nous la communiquerons.

ETRE HOMMES ET FEMMES « AVEC LUI ».

Dans les textes de Paul que nous avons lus, la résurrection ouvre un avenir : puisque Jésus est le premier, il a de l'avenir en nous et par nous ; et nous, nous avons de l'à-venir si nous nous mettons à sa suite, si **notre vie, nos luttes, nos souffrances et notre mort sont vécues « par lui, avec lui et en lui ».**

« Par lui, avec lui et en lui » est une formule forte que les chrétiens disent à chaque eucharistie. Nous sommes invités à bien plus qu'à une imitation de Jésus. Selon Saint Paul, nous sommes in-corporés à lui par la foi, et en particulier par les sacrements. Nous avons vu comment l'apôtre parle du baptême comme co-mort-résurrection. Cela est signifié de manière plus sensible encore dans l'eucharistie par laquelle les chrétiens revivent la Cène de Jésus : « *Vous ferez cela en mémoire de moi* ». Partager avec lui ce repas, ce n'est pas agiter un vague souvenir, c'est recevoir son corps en nourriture.

Que signifie se nourrir du Christ ?

◀

Il s'agit de nourriture symbolique bien sûr. Mais par la communion, **nous faisons véritablement corps avec Jésus, ou plutôt il s'incorpore à nous, il nous « in-corpore » à lui.** Nous faisons avec lui un seul corps : il en est la tête, nous en sommes les membres[41]... Cela va très

41. St Paul emploie souvent cette comparaison du corps. En 1 Co 12, 12-31, il insiste surtout sur l'unité des membres du corps ; en Eph 1, 10-13, il insiste davantage sur la tête, le Christ, qui doit rassembler le corps. Car nous ne sommes le corps que parce que nous sommes irrigués par la tête (Voir le cep et les sarments de la vigne en Jn 15).

loin. Cela ne sera total que le jour de « *l'accomplissement* » qui sera de « *réunir l'univers entier sous un seul chef*[42], *le Christ...* » ; c'est ce que Jésus appelait le Royaume.

Dès lors, l'existence des chrétiens devra « actualiser » Jésus. Le jour de l'Ascension, quand il s'en va, il dit à ses disciples : « *Vous serez mes témoins* ». C'est que désormais sa présence, sa mission, son chemin de vie, passera par eux, jusqu'à ce qu'il revienne. C'est cela l'Eglise.

Celui qui accepte de miser sa vie sur cette perspective, celui qui se met en route à la suite du Christ, sera amené tout à la fois à marcher et à lutter, mais aussi à croire, à espérer, à faire confiance. Nous avons parlé de « **se donner** » **et de** « **s'abandonner** ». Cela ne peut se vivre qu'ensemble, en Eglise.

• Lutter avec lui...

Lutter avec Christ, c'est se souvenir activement de son combat contre le mal, contre la maladie, contre l'injustice et contre l'exclusion. Lutter, c'est entendre son appel : « Lève-toi et marche ». Lutter, c'est sans cesse « se lever » et se relever, chacune de ces « re-surrections » étant un signe anticipateur de la Résurrection « à venir ». Il n'est pas vain de lutter pour un monde meilleur. Il n'est pas naïf de croire et d'espérer. Tout ce qui a été vécu ici et maintenant dans le sens du Royaume sera repris et transfiguré. .Nous sommes autorisés à y reconnaître des « signes » de l'Esprit du Ressuscité : c'est lui qui nous fait nous lever et qui fait se lever les autres.

Nous sommes invités à souffrir et même à mourir avec lui comme il l'a vécu : **en luttant au service des hommes et de la vie** dans le concret de leur existence, en vivant dans la confiance, dans l'espérance et dans un amour qui va jusqu'à se donner tout entier...

Alors, situés avec lui dans sa vie, dans sa lutte et dans sa mort, nous pouvons être situés avec lui dans sa résurrection. Cela implique pour nous deux conséquences :

42. C'est le même mot qui désigne la tête et le chef.

— viser, espérer l'à venir ouvert par lui, **nous ouvrir** à son dessein de justice et d'amour...

— vivre dès aujourd'hui quelque chose de sa vie de Ressuscité : dans **les avancées humaines qui nous semblent aller dans le sens du Royaume** ; dans les petites « re-surrections » de nos frères et de nous-mêmes qui nous levons ou nous relevons ; dans cette espérance indéracinable dont parlait St Paul qui fait dire qu'« *écrasés, nous ne sommes pas anéantis* »... car être écrasés avec le Crucifié-Ressuscité, c'est être en mouvement, en passage, en état de Pâque.

Sommes-nous pour nos frères signes de l'« assurance » qui était celle de Paul et de Pierre ? Cette assurance ne se fonde pas sur la certitude que notre projet humain est le meilleur, mais elle se fonde sur la certitude qu'il y a un chemin à chercher et à trouver ensemble. **Le Ressuscité ne fait rien à notre place, il est à notre tête**, nous appelant à notre pleine responsabilité d'hommes (Voir encadré). Parce qu'elle est fondée sur la résurrection de Jésus, cette assurance nous fait dire que le mal n'aura pas le dernier mot et qu'on ne perd jamais son temps à lutter contre lui.

Christ, tu n'as que nous.

« Christ, tu n'as pas d'oreille...
Tu n'as que nos oreilles
pour entendre le cri de nos frères.

Christ, tu n'as pas d'yeux...
Tu n'as que nos yeux
pour rayonner ta présence en nos vies.

Christ, tu n'as pas de lèvres...
Tu n'as que nos lèvres
pour parler de toi aux humains d'aujourd'hui.

Christ, tu n'as pas de main...
Tu n'as que nos mains
pour faire ton travail aujourd'hui.

Christ tu n'as pas de pied...
Tu n'as que nos pieds
pour conduire les humains sur ton chemin.

Christ, tu n'as pas d'aide...
Tu n'as que notre aide
pour mettre les humains à tes côtés.

Nous sommes la seule Bible
que le public lit encore.

Nous sommes le dernier message de Dieu
écrit en actes et en paroles. »

Texte de prière du 14ème siècle (anonyme rhénan).

- **Etre « emmenés » avec lui dans la foi et la confiance.**

Cela demande, nous l'avons dit plusieurs fois, de nous laisser « embarquer » par lui, par son Esprit, par son amour qui ne calcule pas. La foi, c'est bien « **se laisser emmener par Dieu** » :

— Se laisser emmener sur les chemins dangereux de la lutte contre le mal, le malheur, l'injustice, l'exclusion des hommes, parce qu'ils sont tous enfants de Dieu et aimés de lui, quelles que soient leur couleur ou leurs qualités...

— Se laisser emmener quand l'égoïsme, les préjugés, la peur m'empêchent d'entrer en communication, en partage, en solidarité avec mes frères...

— Se laisser emmener par la confiance quand l'avenir est noir, quand je ne le maîtrise plus... Continuer à lutter, rester avec Jésus en lien avec la main du Père qui m'est toujours tendue...

— Se laisser emmener quand l'humiliation, la honte ou la culpabilité m'empêchent de relever la tête et de me laisser aimer...

— Se laisser emmener enfin quand il semble que ma lutte personnelle touche à son terme pour vivre, si possible, ma mort comme une remise confiante à celui qui est « papa »...

Cela ne se fait pas sans « mourir », mourir à un certain nombre de choses, mais mourir pour vivre ! : « *Si le grain de blé tombé en terre ne meurt pas, il reste seul ; mais s'il meurt, il porte beaucoup de fruits* »[43]. « *Celui qui veut sauver sa vie la perdra, celui qui la livre la retrouvera en vie éternelle* »[44].

Un des aspects de cette « mort pour vivre », c'est **la mort au péché** : « *Comprenons bien ceci : notre vieil homme a été crucifié avec lui pour que soit détruit ce corps de péché et que nous ne soyons plus esclaves du péché... En mourant, c'est au péché que Christ est mort une fois pour toutes, vivant, c'est pour Dieu qu'il vit... De même, vous aussi : considérez-vous comme morts au péché et vivants pour Dieu en Jésus-Christ* »[45].

Le péché, c'est la fermeture sur soi-même, la crispation sur ses projets, ses désirs et ses biens. C'est le contraire de la vie et de l'amour. Alors, nous laisserons-nous emmener par celui qui est ressuscité à la Vie, afin d'être pour tous source de vie ?

---

43. Jn 12, 24.
44. C'est une idée qui revient souvent dans les évangiles : Mt 10, 39 ; 16, 25 ; Mc 8, 35 ; Lc 9, 24 ; 16, 25 ; Jn 12, 25.
45. Rm 6, 1-14.

• Une Eglise pour faire vivre et témoigner de cette vie...

Comme les disciples, nous aurions envie de dire à Jésus : « *Ce discours est trop dur, qui peut l'entendre?* »[46]. Se laisser emmener, c'est difficile. Pourtant n'est-ce pas ce qu'essaient de vivre, bien maladroitement, de façon bien limitée et bien pécheresse, des millions et des millions de chrétiens ? Cela ne peut se faire isolément. Nous n'en parlerions pas si nous ne l'avions reçu d'autres croyants à la suite des premiers témoins qui ont donné leur vie pour transmettre cette Bonne Nouvelle. De même, les hommes et les femmes d'aujourd'hui ne connaîtront cette proposition que si des chrétiens ensemble, en Eglise, la transmettent.

Nous l'avons dit, il ne s'agit pas seulement d'une connaissance du passé ; il s'agit d'en vivre au présent. C'est **le baptême** qui nous fait aujourd'hui co-morts-ressuscités avec le Christ. C'est **l'eucharistie** qui nous incorpore visiblement à lui. Cela ne peut se vivre qu'**en Eglise**.

Plus largement, toutes les pratiques chrétiennes ne sont pas un « pensum » à faire par devoir, tels les rencontres de groupe ou de mouvement, la lecture des Ecritures, la « révision de vie », la formation , la messe et les sacrements... Par là, **en corps du Christ et par son Esprit, les chrétiens vivent ensemble** ce dynamisme de vie reçu de Jésus. « *Quand deux ou trois sont réunis en mon Nom, je suis au milieu d'eux* »[47]. C'est ainsi qu'ils peuvent dire « *c'est le Christ qui vit en moi* »[48].

Parce que nous vivons dans un monde « sécularisé » qui n'est plus visiblement structuré par la foi et ses institutions, c'est seulement par le corps des chrétiens que le Christ sera proposé aux hommes. Pour ceux d'aujourd'hui comme pour ceux des origines, vivre du Christ comme d'une Bonne Nouvelle, c'est vouloir en faire vivre, c'est être envoyé.

46. Jn 6, 60.
47. Mt 18, 20
48. Ga 2, 20.

SAUVES ET DONC ENVOYÉS POUR LE SALUT.

Dans le récit de l'Ascension, Luc oppose le désir des disciples et la parole d'un ange ; les disciples voudraient retenir le Christ mais l'ange leur dit : « *Pourquoi restez-vous là à regarder vers le ciel ?* ». Désormais le Christ sera pour nous un absent. Par contre, Jésus leur a bien fait comprendre : « *Vous allez recevoir une puissance, celle du St Esprit. Vous serez alors mes témoins... jusqu'aux extrémités de la terre* »[49]. C'est en allant vers ses frères et en étant témoins qu'on le rencontre (Voir encadré).

Dès le lendemain de la Pentecôte, les premiers disciples jusque-là frileusement enfermés par peur des Juifs, sortent du Cénacle et se mettent à annoncer le Christ. Ils l'annoncent en actes et en paroles. Luc a construit son récit des Actes de manière à montrer que **la pratique des apôtres continue celle de Jésus.**

• Au Nom de Jésus.

Ainsi, Pierre et Jean qui « *montaient au Temple pour la prière de trois heures de l'après-midi* » sont sollicités par un infirme de naissance qui leur demande l'aumône. « *Pierre lui dit : De l'or ou de l'argent, je n'en ai pas ; mais ce que j'ai, je te le donne : au Nom de Jésus, le Christ, le Nazaréen, marche ! Et le prenant par la main droite, il le* fit **se lever** ».[50] Ils continuent l'œuvre de libération de Jésus et Luc prend soin d'employer le mot de la résurrection « se lever ». Comme leur maître, ils annoncent la venue du salut en posant des actes.

Lorsque le peuple friand de sensationnel accourt, Pierre dit : « *Israélites, pourquoi vous étonner de ce qui arrive ? ou pourquoi nous fixer, nous, comme si c'était par notre puissance ou par notre piété personnelle que nous avions fait marcher cet homme ?* ». **Ce que les disciples font n'a de sens que référé au Nom de Jésus** c'est-à-dire à la puissance de cet amour qui s'est révélé en lui. Ressuscité, il est désormais source de vie : « *Dieu a glorifié... le Prince de la Vie, que vous aviez fait mourir... Grâce à la foi au Nom de Jésus, ce Nom vient d'affermir*

49. Act 1, 6-11.
50. Ac 3, 1-10.

cet homme que vous regardez et que vous connaissez ; la foi qui vient de Jésus a rendu à cet homme toute sa santé »[51].

Relève-toi et suis-moi (Prière de Pascale).

« Pieds nus et poches vides,
la chevelure dénouée par la brise,
j'ai erré sur la grève brumeuse, toute la nuit.
Il y faisait frais, même froid, mais mon coeur brûlait.
Les étoiles, peu à peu, se voilaient,
mais l'obscurité grandissante ne m'effrayait point.
Je Te savais Père de la nuit et du froid,
tendresse du désert,
et je T'attendais là.
De mes "hou" "hou" familiers, je T'ai appelé.
Ils chantaient mon attente,
et celle des hommes de notre terre.
Ils disaient ma confiance.
Mais l'écho me les a renvoyés...
Sur la dureté de la roche, leur joie s'est brisée.
J'ai pleuré.
Alors, à ce moment, il m'a semblé voir Ton regard.
A distance, circulaire, et pourtant pour moi !
Et au delà, pour tant d'autres !
J'ai appelé
mais Tu n'as pas bougé.
J'ai pensé alors que, proche des hommes,
Tu ferais un pas, et encore un autre,
histoire d'aller à la rencontre
de celui qui ne sait plus bien marcher.
Mais Tu n'as pas bougé...
Je T'ai regardé, et j'ai compris,
ou plutôt, j'ai cru.
Tu ne marches pas à la place des hommes,
Tu ne résous pas à la place des penseurs,
Toi, Tu regardes, en profondeur.
Tu "vois" l'éclair du soleil dans l'opacité de l'orage,
Tu entends le bruissement du désir dans la plainte sourde,

.../...

51. Ac 3, 11-26.

Et... Tu attends. Tu n'es qu'attente.
Je T'ai regardé !
La tendresse de tes yeux m'a aspirée.
Je me suis relevée.
Toi, Tu n'as pas bougé !
Mais... à ce moment-là, Tu as souri,
Tu as ouvert tes bras, et Tu as porté mes pas.
J'ai cru voir sur la grève
s'élancer à ma rencontre Ta silhouette.
Mais... Tu n'avais pas bougé.
J'ai couru, pressée de T'atteindre.
A quelques pas de Toi, je croyais Te saisir,
approcher Ta main et contempler Ton regard :
Tu étais tellement Autre.
Mais Toi, Tu as fait demi-tour sur le champ.
Tu es parti et Tu m'as dit : "Suis-moi" !
— "Jusqu'où", T'ai-je demandé, essoufflée.
— "Jusqu'au bout de ta liberté, encordée à tes frères" s'est mis à siffler le vent...
Alors, j'ai voulu repartir aimer mes frères,
pieds nus, poches vides,
la chevelure dénouée par la brise de l'Esprit. »

• Par la foi.

En plus de guérir et de faire se lever, il faut donc témoigner. Non seulement Jésus est vivant, mais **il est donneur de vie, par la foi**. C'est grâce à elle que cet homme a pu bénéficier de cette vie nouvelle, sauvée. Comme au temps de Jésus, il n'y a pas de guérison en dehors de la foi. C'est lui qui la donne, en même temps qu'il remet debout.

Nous avons là la trame de la plupart des discours des apôtres tels que nous les rapporte Luc[52]. Quand Pierre se retrouve devant le Sanhédrin en accusé, il insiste sur le salut par la foi en Jésus : « *C'est lui, la*

52. C'est la structure des trois premiers discours : Ac 2, 14-41 ; 3, 11-26 ; 4, 1-22. On peut aller lire aussi les autres. Citons en quelques uns : 7, 1-53 ; 10, 34-43 ; 13, 13-43 ; 14, 8-20.

pierre, que vous, les bâtisseurs, avez mise au rebut et qui est devenue la pierre angulaire. Il n'y a ***aucun salut ailleurs qu'en lui*** *; car il n'y a sous le ciel aucun autre Nom offert aux hommes qui soit nécessaire à notre salut ».*[53]

• Par la « conversion ».

La conséquence est évidente. Si le Christ est vraiment le Prince de la Vie, la pierre angulaire de toute construction solide, s'il nous est offert comme chemin de salut, alors cela vaut la peine de se tourner vers lui. Les disciples peuvent alors sans hésitation **appeler à la conversion**. Les auditeurs restent libres ; les autorités peuvent interdire et menacer mais, disent les apôtres, il vaut mieux obéir à Dieu plutôt qu'aux hommes : « *Nous ne pouvons pas taire ce que nous avons vu et entendu* »[54].

Après la Pentecôte, lors de leur première « sortie », ils appellent déjà :« *Convertissez-vous ; que chacun de vous reçoive le baptême au nom de Jésus-Christ pour le pardon de ses péchés, et vous recevrez le don du St Esprit. Car c'est à vous qu'est destinée la Promesse, et à vos enfants ainsi qu'à tous ceux qui sont au loin* »[55]. Le texte parle de trois mille convertis. Quoi qu'il en soit de ce chiffre, probablement semblable aux estimations de foule dans une manifestation, force nous est de reconnaître que les convertis se sont multipliés et qu'il y a un milliard six cent millions d'hommes, de femmes et d'enfants, qui sont aujourd'hui les héritiers de cette annonce.

• Par la « mission ».

Aujourd'hui comme hier, **proposer aux hommes d'« embarquer » leur vie à la suite de Jésus**, ce n'est pas les entraîner hors du monde, dans un lieu ou dans un groupe idyllique et préservé. Ce n'est pas ce que Dieu nous propose. Un Père qui aime ses enfants ne leur fournit pas tout et ne leur évite pas toute souffrance. Il leur donne sa confiance, il leur fournit des points d'ap-

53. Ac 4,, 11-12.
54. Ac 4, 19-20.
55. Ac 2, 37-41.

pui, il les conduit sur un chemin de liberté et de responsabilité. En même temps, il leur garde sa porte ouverte et sa main tendue quoi qu'il arrive, il leur pardonne et leur permet de repartir... Ainsi en est-il de la proposition que Dieu nous fait en Jésus-Christ : **« Si tu veux, viens, suis-moi »**.

Dans la mesure où ils en ont fait l'expérience, les chrétiens ne peuvent que la transmettre. Mieux, c'est dans ce but qu'ils sont envoyés. C'est par l'amour du Père s'ils l'ont découvert, par le Christ s'ils en vivent, par l'Esprit s'ils l'accueillent, qu'ils sont **apôtres. Pour la Vie. Pour faire vivre. Pour que tous « aient la Vie et qu'ils l'aient en abondance »**[56].

56. Jn 10, 10.

« ET VOUS, QUI DITES-VOUS QUE JE SUIS ? »...

Tout au long de ce parcours, nous avons rencontré Jésus comme quelqu'un d'énigmatique : il pose question à ses contemporains, à ses adversaires mais aussi à ses disciples. Il pose question à chacun de nous comme à tant d'hommes et de femmes depuis 2000 ans. Au terme de ce livre, l'énigme n'est pas résolue et c'est heureux, car le rôle de Jésus n'est-il pas de nous poser sans cesse question ? La foi, avons-nous dit, ne consiste pas à l'enfermer dans une définition mais à se laisser « emmener » par lui.

Un jour, nous dit Matthieu, « *Jésus interrogeait ses disciples : "Au dire des hommes, qui est le Fils de l'homme ?" Ils dirent : "Pour les uns : Jean le Baptiste ; pour d'autres : Elie ; pour d'autres encore : Jérémie ou l'un des prophètes." Il leur dit :* ***"Et vous qui dites-vous que je suis*** *?" Prenant la parole, Simon-Pierre répondit : "Tu es le Christ, le Fils du Dieu vivant." Reprenant alors la parole, Jésus lui déclara : "Heureux es-tu Simon, fils de Jonas, car ce n'est pas la chair et le sang qui t'ont révélé cela mais mon Père qui est dans les cieux..."* »[1].

Comme l'ont fait ses contemporains, nous pouvons donner des noms à Jésus, et cela à partir de notre histoire et de notre expérience. Comme pour exprimer la résurrection, nous avons besoin de plusieurs langages. Mais aucun ne suffit. La question « *Qui dites-vous que je suis ?* » reste ouverte et sans cesse posée. Tout se passe comme si Jésus devait être révélé par Dieu et par les croyants. La connaissance purement historique est ici insuffisante. C'est Dieu qui révèle Jésus, qui le confirme, qui garantit son témoignage. Il n'en reste pas moins que les hommes sont sans cesse appelés à **répondre personnellement et librement** à cette question. Que nous soyons croyants ou incroyants, ne sommes-nous pas invités à une réponse provisoire jamais définitive ? Jésus ne s'est-il pas présenté comme le chemin et comme la vie ? On ne possède pas un chemin, on le parcourt. On ne tient pas toute son existence dans sa main, on vit jour après jour.

Jésus lui-même ne s'est pas défini. Il s'est fait découvrir par sa vie et sa mort bien sûr, mais surtout après son départ, en invitant les hommes à marcher à sa rencontre. Les disciples et les évangélistes ont découvert cela et ont essayé de nous le faire comprendre. Eux-mêmes ont eu besoin d'approches multiples pour cerner l'identité de Jésus. C'est par une cinquantaine de noms différents qu'ils ont tenté de le désigner[2]. Ce travail de compréhension du mystère s'est poursuivi tout au long de l'histoire. Mais alors, n'avons-nous pas autant

1. Mt 16, 13-17.

2. On trouve environ 500 fois le titre de Christ, 350 fois celui de Seigneur, 80 fois celui de Fils de l'homme, 75 fois celui de Fils de Dieu ou de Fils, 20 fois celui de Fils de David... N'oublions pas son nom de Jésus qui signifie « Dieu sauve » (Mt 1, 21).

de « Jésus » différents que d'auteurs qui en parlent ? C'est un risque mais c'est aussi une chance.

Dans le Nouveau Testament, la diversité des regards sur Jésus est pour nous une richesse. Nous l'avons souvent dit : c'est en fonction de leur communauté que Matthieu, Marc, Luc et Jean, nous présentent des facettes complémentaires de la personnalité de Jésus.

Pour Marc, il est d'abord un homme comme nous ; un homme avec ses disciples et cependant seul ; un enseignant en actes autant qu'en paroles (il fait peu de grands discours)... Il est bien le Messie mais ce titre ambigu doit être caché ; Jésus interdit de le dire ; cela ne pourra être compris avec justesse qu'après la croix et la résurrection. Marc ouvre et termine son évangile sur le titre de « Fils de Dieu » qui est comme un sommet[3].

Pour Matthieu, Jésus est avant tout dans sa communauté : il en est le sauveur, le maître, le modèle et surtout il l'envoie. Il est le Fils de l'homme, ce qui pour les lecteurs juifs fait référence au prophète Daniel[4] : le Fils de l'homme, c'est celui qui viendra à la fin des temps réaliser le jugement. Il est « Emmanuel » c'est-à-dire « Dieu avec nous ».

Luc insiste sur le « Seigneur Jésus » qui participe à la gloire de Dieu. Il est Christ et Roi. Il est souvent montré en prière devant Dieu. Opter pour ou contre sa personne, c'est opter pour ou contre Dieu. Il nous donne son Esprit : l'Esprit de Dieu l'a tellement envahi qu'on peut parler de l'Esprit de Jésus. En même temps, il est le prophète qui révèle la tendresse du Père et son pardon[5] ; il est l'ami des petits, des pécheurs, des femmes.

Pour Jean, Jésus est très humain mais il est un homme de Dieu qui se réfère sans cesse au Père, aux oeuvres du Père. Il est le révélateur de Dieu au point que le voir, c'est voir le Père car le Père et lui ne sont qu'un. Il est « élevé » sur la croix comme il l'est par sa résurrec-

3. Voir Mc 1, 1 et 15, 39.
4. Dn 7.
5. Voir tout le chapitre 15.

tion. En même temps, il est serviteur, berger, lumière, nourriture pour la vie de tous ceux qui croient en lui[6].

Dans l'Eglise, après la disparition des derniers apôtres, la méditation du mystère du Christ continue. Cela n'est pas allé sans mal ; les déviations n'ont pas manqué. Pour certains par exemple, Jésus est tellement Dieu qu'il ne peut pas être vraiment homme : son humanité n'a été que déguisement, sa souffrance n'a été qu'apparence ; il ne peut être vraiment mort... Pour d'autres au contraire, Jésus est tellement homme qu'il ne peut être Fils de Dieu, Dieu lui-même : il est une créature supérieure, une sorte d'être intermédiaire entre les hommes et Dieu... Il faut alors discerner et établir des garde-fous. C'est le travail des grands conciles. Celui de Nicée en 325 et celui de Constantinople en 381 formulent le « **Credo** » dit de Nicée-Constantinople. Bien que ce soit un texte difficile parce qu'écrit dans la culture de l'époque, l'Eglise le récite chaque dimanche. C'est en effet un texte qui marque le couronnement de la réflexion des premiers siècles. Parfois nous récitons un « credo » plus court et plus simple, appelé « **symbole des apôtres** » (Voir encadré). D'origine inconnue, il remonte pour l'essentiel au 2ème siècle.

Le « Symbole des Apôtres ».

Je crois en Dieu, le Père tout-puissant,
créateur du ciel et de la terre.
Et en Jésus-Christ, son Fils unique, notre Seigneur,
qui a été conçu du Saint-Esprit,
est né de la Vierge Marie,
a souffert sous Ponce Pilate,
a été crucifié, est mort et a été enseveli,
est descendu aux enfers,
le troisième jour est ressuscité des morts,
est monté aux cieux,
est assis à la droite de Dieu le Père tout-puissant,

6. Il faudrait ajouter St Paul... Pour cela et pour approfondir un peu ce petit résumé trop rapide, voir le livre de E. Charpentier, Pour lire le Nouveau Testament, Cerf, 1981. Il cerne « le Jésus de Matthieu », « le Jésus de Marc »... en une page chaque fois : p. 54, 64, 76,

d'où il viendra juger les vivants et les morts.
Je crois en l'Esprit Saint,
à la sainte Eglise catholique,
à la communion des saints,
à la rémission des péchés,
à la résurrection de la chair,
à la vie éternelle.

La réflexion ne s'arrête pas pour autant. Ceux qui ont suivi un peu le Concile Vatican 2, achevé en 1965, ont bien perçu toute la richesse de renouvellement qu'il constitue. En 1968, Paul VI écrit une « profession de foi », sorte d'actualisation du « Credo ». En effet croire, ce n'est pas répéter bêtement une espèce de table de multiplication catholique. C'est entrer ensemble, en Eglise, sur le chemin ouvert par Jésus. Le chemin traverse notre aujourd'hui, notre culture, nos problèmes, nos interrogations, nos angoisses, nos péchés.

Par ailleurs, il y a toujours eu des gens qui ont voulu réinventer Jésus à leur manière. Cela a commencé au tout début avec ce qu'on appelle les « évangiles apocryphes ». Ces récits prétendent donner de multiples détails sur Jésus, sur ses miracles ou sur son enfance par exemple. Les premières communautés les ont très vite rejetés comme fantaisistes. Nous avons vu le « Jésus sans-culottes » des révolutionnaires et celui de Bonaparte. Au 19ème siècle, Renan a écrit une « Vie de Jésus » conforme à ce qui lui semblait « raisonnable ». Et aujourd'hui encore, des livres paraissent qui prétendent donner le fin mot de l'histoire... Jésus appartient à tous, mais, nous l'avons souvent dit, nous n'avons accès à sa compréhension que par les communautés de croyants qui en témoignent.

Et nous aujourd'hui ? Si Jésus est venu « *pour la vie* », « *pour sauver ce qui était perdu* », pour « *faire se lever* », n'est-ce pas au coeur de notre monde que sa Bonne Nouvelle doit être entendue ? Pour qu'elle le soit, n'est-ce pas à nous de la dire, avec nos mots, notre culture, nos préoccupations ?

Aux incroyants comme aux croyants, la question « *Et vous, qui dites-vous que je suis ?* » ne cesse d'être posée : comme pour d'autres aspects de notre vie, **nous**

n'avons pas répondu une fois pour toutes. Il n'y a, dit-on, que les sots qui ne changent pas. Même si nous sommes croyants depuis toujours, nous sommes invités à une réponse nouvelle à chaque étape.

Cette question comme les réponses provisoires que nous y donnons ne se situent pas sur le plan philosophique. Il ne s'agit pas de répondre par un pur savoir mais de « connaître » : connaître Jésus-Christ, c'est communier avec toutes nos facultés, notre intelligence, notre coeur, notre affectivité et aussi notre corps. C'est donc s'engager sur un chemin, marcher...

« VIENS »...

C'est bien en marchant, en s'engageant à le rencontrer, que peu à peu les mots sont venus pour dire une expérience qui échappe au langage. C'est bien ce que les évangélistes ont tenté de faire. Matthieu dans son récit de « la tempête apaisée » n'a pas dit autre chose (Voir encadré).

Viens (Mt 14, 22-33).

« Aussitôt après avoir nourri la foule dans le désert, Jésus obligea ses disciples à monter dans la barque et à le précéder sur l'autre rive, pendant qu'il renverrait les foules. Quand il les eut renvoyées, il se rendit dans la montagne, à l'écart, pour prier. Le soir venu, il était là, seul. La barque était déjà à une bonne distance de la terre, elle était battue par les vagues, car le vent était contraire.

Vers la fin de la nuit, Jésus vint vers eux en marchant sur la mer. En le voyant marcher sur la mer, les disciples furent bouleversés. Ils disaient : "C'est un fantôme", et la peur leur fit pousser des cris. Mais aussitôt, Jésus leur parla : "Confiance ! c'est moi, n'ayez pas peur !" Pierre prit alors la parole : "Seigneur, si c'est bien toi, ordonne-moi de venir vers toi sur l'eau." Jésus lui dit : "Viens !"

Pierre descendit de la barque et marcha sur les eaux pour aller vers Jésus. Mais, voyant qu'il y avait du vent, il eut peur ; et, comme il commençait à enfoncer, il cria : "Seigneur, sauve-moi !"

Aussitôt Jésus étendit la main, le saisit et lui dit : "Homme de peu de foi, pourquoi as-tu douté ?" Et quand ils furent montés dans la barque, le vent tomba.

Alors, ceux qui étaient dans la barque se prosternèrent devant lui, et ils lui dirent : "Vraiment, tu es le Fils de Dieu !" »

Traduction de la liturgie : 19ème dimanche ordinaire.

Nous sommes après la multiplication des pains. C'est un moment « glorieux ». Pourtant **Jésus** oblige les disciples à le quitter et **s'échappe**, un peu comme il l'a fait quand on voulait le faire roi. Les disciples ne peuvent rester avec lui, **ils doivent affronter les vagues.** Il nous est facile de nous identifier à ces hommes ballotés et secoués par les vents contraires.

Jésus vient à eux. Ils le prennent d'abord pour un fantôme. Nous croyons lire un récit d'apparition du ressuscité : c'est bien lui qui vient à eux ; mais ils ont peur. Sa réponse est une formule qui revient plusieurs fois dans les évangiles : « *Confiance. C'est moi, n'ayez pas peur.* »

N'avons-nous pas là **une parabole de ce qu'est la foi**? Jésus vient à nous. Nous nous demandons si nous ne croyons pas à un fantôme. Dans sa réponse, il ne nous rassure pas intellectuellement, il nous invite à la confiance.

Alors, comme Pierre, nous disons : « Oui, j'ai le désir de te rencontrer, mais j'ai peur ; ordonne-moi de venir, engage-toi par cet ordre, garantis-moi que c'est possible »... « *-Viens !* » dit Jésus. C'est merveilleux au départ de marcher vers lui. Il semble qu'on s'est élevé un peu au-dessus des vagues. Mais on ne les a pas supprimées. Arrive un coup de vent un peu plus fort et c'est à nouveau la peur.

Avec la peur, c'est l'enlisement. Que faire ? Un cri jaillit : « *Sauve-moi !* ». Alors Jésus étend la main : « *Homme de peu de foi...* » L'ayant rejoint, avec les disciples, Pierre confesse sa foi : « *Vraiment, tu es le Fils de Dieu* ».

La foi ce n'est pas la proclamation finale. C'est tout le processus, toute l'aventure depuis le début : les moments « glorieux » où l'on est rassasié, l'épreuve de la séparation (le Christ s'absente), l'épreuve des vagues, le doute (le fantôme), la peur, le cri, enfin la main tendue...

Cette main tendue de Jésus à la rencontre de la nôtre n'est-elle pas une merveilleuse parabole de ce qu'est la « nouvelle Alliance » qu'il nous propose ? Il y aura d'autres tempêtes, d'autres doutes, d'autres peurs, d'autres cris. Comme la main tendue de Dieu dans le tableau de Michel Ange représentant la création, **la main de Jésus est toujours tendue.** Lui tendrons-nous la nôtre ?

Jésus nous dit : « Viens », « marche », « avance », « jette-toi à l'eau »... Mais, Dieu, qu'il paraît loin ! C'est pourquoi dans la prière nous lui demandons de se rapprocher. Ce n'est pas pour rien si le Nouveau Testament se termine par « ***Viens, Seigneur Jésus*** »[7].

Comme Pierre en a fait l'expérience, la foi est une affaire de mouvement. Rien ne se passera s'il ne s'agit que d'une étude de notre tête. « *Viens* » *!* Entendre ce mot, c'est aussi le prononcer à notre tour. Nous disons : « Seigneur, viens à ma rencontre, viens me chercher ». Jésus a l'initiative. Reste à le lui demander. Car le lui demander c'est s'y ouvrir, c'est s'y rendre disponible. On pourrait comparer cela à l'ouverture de nos volets. Le soleil existe. Ouvrir nos volets[8], ce n'est pas inventer le soleil, c'est lui permettre d'entrer.

Prier « *Viens* », prier « *Sauve-moi* », prier « *Notre Père* », c'est ouvrir nos volets. Alors, peut prendre sens pour nous cette phrase de Jésus déjà citée : « *Je suis venu pour* ***qu'ils aient la vie et qu'ils l'aient en abondance*** »[9], et aussi cette autre : « *Je vous ai dit cela* ***pour que ma joie soit en vous et que votre joie soit parfaite*** »[10].

7. Apoc 22, 20.
8. F. Varone, Ce Dieu absent qui fait problème, Cerf 1989 p. 166.
9. Jn 10, 10.
10. Jn 15, 11.

Table des matières

Illustrations : Yves Calmejane

Achevé d'imprimer par Corlet, Imprimeur, S.A.
14110 Condé-sur-Noireau (France)
N° d'Éditeur : 4902 - N° d'Imprimeur : 10193 - Précédent dépôt : janvier 1993 - Dépôt légal : avril 1995
Imprimé en C.E.E.